培育语文核心素养

◆

经典阅读文库

王国维经典作品集

王国维 著

河北出版传媒集团

花山文艺出版社

图书在版编目(CIP)数据

王国维经典作品集 / 王国维著 . — 石家庄：花山文
艺出版社，2018.4（2021.1 重印）

ISBN 978-7-5511-3871-0

Ⅰ . ①王… Ⅱ . ①王… Ⅲ . ①王国维（1877-1927）
－文集 Ⅳ . ① C53

中国版本图书馆 CIP 数据核字 (2018) 第 048889 号

书　　名：王国维经典作品集

作　　者：王国维

策　　划：张采鑫

责任编辑：于怀新　张凤奇

责任校对：齐　欣

特约编辑：李文生

全案设计：北京九洲鼎图书有限公司

出版发行：花山文艺出版社（邮政编码：050061）

　　　　　（河北省石家庄市友谊北大街 330 号）

销售热线：0311-88643221/29/31/32/26

传　　真：0311-88643225

印　　刷：三河市悦鑫印务有限公司

经　　销：新华书店

开　　本：700×1000　1/16

字　　数：100 千字

印　　张：9

版　　次：2018 年 6 月第 1 版

　　　　　2021 年 1 月第 3 次印刷

书　　号：ISBN 978-7-5511-3871-0

定　　价：29.90元

教授方面，以王静安（王国维字静安）先生为最难得，其专精之学，在今日几为绝学；而其所谦称为未尝研究者，亦且高我十倍，我于学问未尝有一精深之研究……王先生则不然。

不独为中国所有而为全世界之所有之学人。

——梁启超

中国有一部《流沙坠简》，印了将有十年了。要谈国学，那才可以算一种研究国学的书。开首有一篇长序，是王国维先生做的，要谈国学，他才可以算一个研究国学的人物。

——鲁迅

现今的中国学术界真凋敝零落极了。旧式学者只剩王国维、罗振玉、叶德辉、章炳麟四人；其次则半新半旧的过渡学者，也只有梁启超和我们几个人。内中章炳麟是在学术上已半僵化了，罗与叶没有条理系统，只有王国维最有希望。

——胡适

留给我们的是他知识的产物，那好像一座崔嵬的楼阁，在几千年的旧学城垒上，灿然放出了一段异样的光辉。

——郭沫若

语文核心素养与经典阅读

中华人民共和国建国几十年来，语文教学实现了由"语文教学大纲"到"语文课程标准"再到"语文核心素养"的三级跳远。如果说"语文教学大纲"解决了森林的每棵树是什么的问题；那么，"语文课程标准"就解决了由树成林的整体观；而"语文核心素养"则解决了树如何成林，成林后有什么用处的大问题。

在"语文教学大纲"时代，解决一个一个的知识点是教学的重要任务，于是一篇篇文章被贴上无数的知识标签，在课堂上被一一肢解，学生被灌输了无数的知识点却"只见树木不见森林"。"语文课程标准"的颁布实施，让中国的语文教学前进了一大步，真正把语文教学放在"课程"里整体思考，整体设计教学思路，将知识、能力、情感、态度、价值观融为一体统筹安排，但其终极目标却语焉不详或无法操作而最终"形似而实不是"。"语文核心素养"是在全面落实"立德树人"教育目标下提出来的，旨在通过语文自有的教育功能为当代合格青少年的成长过程提供必要的养料和条件。

什么是"语文核心素养"？北京师范大学资深教授王宁认为：语文核心素养是学生在积极主动的语言实践活动中构建起来、并在真实的语言运用情境中表现出来的个体语言经验和言语品质；是学生在语文学习中获得的语言知识与语言能力、思维方法和思维品质，是基于正确的情感、态度和价值观的审美情趣和文化感受能力的综合体现。简言之，语文核心素养包含四个主题词，即语言、思维、审美和文化。

我们为什么要阅读经典，如何阅读经典，它和语文核心素养的养成有什么关系？

木心说，阅读经典无非就是让我们找到了一个制高点。我们可以站在这个制高点上，去回首我们的过去的经历，评判我们的得失；也可以更加开阔的视野瞭望世界，"极目楚天舒"。这说明"读什么"比"怎么读"更为重要。

中外经典繁多。中国古代文学是一座宝库，但需要掌握一定的知识和能力，需要有适合的导读和引领。中国当代文学由于还需要时间的沉淀、批判与选择。而中国现代文学由于离我们不太遥远，且由于其所处时代的特殊性，给我们的阅读提供了多种可能性。因此，在几年前"经典阅读与语文教育"课题被中国教育学会中学语文教学专业委员会批准立项时，课题组就锁定中国现代文学经典作为研究对象。这些经典，不仅有二十世纪二三四十年代冲破铁屋子的呐喊，落后与苦难下的坚守，民族存亡的抗争，也有中华人民共和国成立的喜悦和投身火热建设中的豪情，其家国情怀无不令人动容。通过阅读这些经典，学习作家们的语言运用技巧，积累语言并内化，提升自己的语言建构与运用能力；学习作家们批判与发现精神，促进自己的思维发展与提升；学会欣赏和评价作家们的作品，培养自己的审美鉴赏与创造能力；学习作家们对中外文化的包容、借鉴、继承，加强自己对文化的传承与理解。

最后借用我国著名作家王蒙先生的话与读者共勉：读书的亮点在于照亮生活，生活的亮点包括积累智慧与学问。生活与读书是互见、互证、互相照耀的关系。书没有生活那么丰富，但是应该更集中了光照与穿透的能力。不做懒汉，不做侏儒！用脑阅读，用心阅读！用阅读攀登精神的高峰！

目录

哲 学 辨 惑

　　甚矣，名之不可不正也！观去岁南皮尚书之《陈学务折》及管理大臣张尚书之复奏折，一虞哲学之有流弊，一以名学易哲学，于是海内之士，颇有以哲学为诟病者。夫哲学者，犹中国所谓"理学"云尔。艾儒略《西学发凡》，有"费禄琐非亚"之语而未译其义。"哲学"之语，实自日本始。日本称自然科学曰"理学"，故不译"费禄琐非亚"曰"理学"，而译曰"哲学"。我国人士骇于其名，而不察其实，遂以哲学为诟病，则名之不正之过也。今辨其惑如下。

　　一、哲学非有害之学。今之诟病哲学者，岂不曰："自由、平等、民权"之说由哲学出，今并绝哲学，则此等邪说可以熄乎？夫此等说之当否，故置不论。夫哲学中亦非无如此之说，然此等思想，于哲学中不占重要之位置。霍布士之"绝对国权"论，与福禄特尔（今译伏尔泰）、卢骚（今译卢梭）之"绝对民权"论，皆为哲学说之一。今以福禄特尔、卢骚之故而废哲学，何不一思霍布士之说乎？且古之时，有昌言"民权"者矣，孟子是也。今若举天下之言"民权"而归罪于孟子，废《孟子》而不立诸学官，斯亦过矣。欲废哲学者，何以异于是？且今之言"自由""平等"，言"革命"者，果皆自哲学上之研究出欤，抑但习闻他人之说而称道之欤？夫周秦与宋代，中国哲学最盛之时也，而君主权威不因之而稍替；明祖之兴，而李自成、洪秀全之乱，宁皆有哲学家说以鼓之欤？故不研究哲学则已，苟研究哲学，则必博稽众说而唯真理之是从，其视之今浅薄之革命家，方鄙弃之不暇，而又奚惑焉？则竟以此归狱于哲学者，非也。且"自由""平等"说，非哲学之原理，乃法学、政治学之原理也。今不以此等说而废法学、政治学，何独至于哲学而废之？此余所不解者一也。

二、哲学非无益之学。于是说者曰：哲学即令无害，决非有益，非叩虚课寂之谈，即骛广志荒之论。此说不独我国为然？虽东西洋亦有之。夫彼所谓无益者，岂不以哲学之于人生日用之生活无关系乎！夫但就人生日用之生活言，则岂徒哲学为无益，物理学、化学、博物学，凡所谓"纯粹科学"，皆与吾人日用之生活无丝毫之关系；其有实用于人者，不过医工农等学而已。然人之所以为人者，岂徒饮食男女，芸芸以生、厌厌以死云尔哉？饮食男女，人与禽兽之所同；其所以异于禽兽者，则岂不以理性乎哉？宇宙之变化，人事之错综，日夜相迫于前，而要求吾人之解释者，不得其解则心不宁。叔本华谓人为"形而上学之动物"，洵不诬也。哲学实对此要求而与吾人以解释。夫有益于身者与有益于心者之孰轩孰轾，固未易论定者。巴尔善曰："人心一日存，则哲学一日不亡。"使说者而非人则已，说者而为人，则已于冥冥之中，认哲学之必要，而犹必诋之为"无用"，此其不可解者二也。

三、中国现时研究哲学之必要。尤可异者，则我国上下，日日言教育，而不喜言哲学。夫既言教育，则不得不言教育学。教育学者，实不过心理学、伦理学、美学之应用。心理学之为自然科学而与哲学分离，仅曩日之事耳。若伦理学与美学，则尚俨然为哲学中之二大部。今夫人之心意，有智力，有意志，有感情，此三者之理想，曰真，曰善，曰美。哲学实综合此三者而论其原理者也。教育之宗旨，亦不外造就真善美之人物。故谓教育上之理想，即哲学上之理想，无不可也。试读西洋之哲学史、教育史，哲学者而非教育者，有之矣；未有教育者而不通哲学者也。不通哲学而言教育，与不通物理、化学而言工学，不通生理学、解剖学而言医学，何以异？今日日言教育，言伦理，而独欲废哲学，此其不可解者三也。

四、哲学为中国固有之学。今之欲废哲学者，实坐不知哲学为中国固有之学故。今姑舍诸子不论，独就"六经"及宋儒之学言之。夫"六经"与宋儒之说，非著于功令而当世所奉为正学者乎！周子"太极"之说，张子"正蒙"之论，邵子《皇极经世》，皆深入哲学之问题。此岂独宋儒之说为然，"六经"亦有之。《易》之"太极"，《书》之"降衷"，《礼》之"中庸"，自说者言之，谓之非"虚"非"寂"，得乎？今欲废哲学，则"六经"及宋学在所当废。此其所以不可解者四也。

五、研究西洋哲学之必要。于是说者曰：哲学既为中国所固有，则研究中国之哲学足矣，奚以西洋哲学为？此又不然。余非谓西洋哲学之必胜于中国，然吾国古书，大率繁散而无纪，残缺而不完，虽有真理，不易寻绎，以视西洋哲学之系统灿然、步伐严整者，其形式上之孰优孰劣，固自不可掩也。且今之言教育者，将用《论语》《学记》作课本乎？抑将博采西洋之教育学以充之也？于教育学然，于哲学何独不然？且欲通中国哲学，又非通西洋之哲学不易明也。近世中国哲学之不振，其原因虽繁，然古书之难解，未始非其一端也。苟通西洋之哲学，以治我国之哲学者，必在深通西洋哲学之人，无疑也。今欲治中国哲学而废西洋哲学，其不可解者五也。

余非欲使人人为哲学家，又非欲使人人研究哲学。但专门教育中，哲学一科，必与诸学并立，而欲养成教育家，则此科尤为要。吾国人士，所以诟病哲学者，实坐不知哲学之性质之故，苟易其名曰"理学"，则庶可以息此争论哉！庶可以息此争论哉！

论哲学家与美术家之天职

　　天下有最神圣、最尊贵而无与于当世之用者，哲学与美术是已。天下之人嚣然谓之曰无用，无损于哲学、美术之价值也。至为此学者自忘其神圣之位置，而求以合当世之用，于是二者之价值失。夫哲学与美术之所志者，真理也。真理者，天下万世之真理，而非一时之真理也。其有发明此真理（哲学家），或以记号表之（美术）者，天下万世之功绩，而非一时之功绩也。唯其为天下万世之真理，故不能尽与一时一国之利益合，且有时不能相容，此即其神圣之所存也。且夫世之所谓有用者，孰有过于政治家及实业家者乎？世人喜言功用，吾姑以其功用言之。夫人之所以异于禽兽者，岂不以其有纯粹之知识与微妙之感情哉！至于生活之欲，人与禽兽无以或异。后者政治家及实业家之所供给，前者之慰藉满足，非求诸哲学及美术不可。就其所贡献于人之事业言之，其性质之贵贱固以殊矣；至就其功效之所及言之，则哲学家与美术家之事业，虽千载以下，四海以外，苟其所发明之真理，与其所表之之记号之尚存，则人类之知识感情由此而得其满足慰藉者，曾无以异于昔。而政治家及实业家之事业，其及于五世十世者希矣。此又久暂之别也。然则人而无所贡献于哲学、美术，斯亦已耳，苟为真正之哲学家、美术家，又何慊乎政治家哉！

　　披我中国之哲学史，凡哲学家，无不欲兼为政治家者，斯可异已。孔子，大政治家也；墨子，大政治家也；孟、荀二子，皆抱政治上之大志者也。

汉之贾、董，宋之张、程、朱、陆，明之罗、王，无不然。岂独哲学家而已，诗人亦然。"自谓颇腾达，立登要路津。致君尧舜上，再使风俗淳"，非杜子美之抱负乎？"胡不上书自荐达，坐令四海如虞唐。"非韩退之之忠告乎？"寂寞已甘千古笑，驰驱犹望两河平。"非陆务观之悲愤乎？如此者，世谓之大诗人矣。至诗人之无此抱负者，与夫小说、戏曲、图画、音乐诸家，皆以侏儒倡优自处，世亦以侏儒倡优畜之。所谓"诗外尚有事在""一命为文人，便无足观"，我国人之金科玉律也。呜呼！美术之无独立之价值也久矣。此无怪历代诗人，多托于忠君爱国、劝善惩恶之意，以自解免，而纯粹美术上之著述，往往受世之迫害，而无人为之昭雪者也。此亦我国哲学、美术不发达之一原因也。

夫然，故我国无纯粹之哲学，其最完备者，唯道德哲学与政治哲学耳。至于周、秦、两宋间之形而上学，不过欲固道德哲学之根柢，其对形而上学非有固有之兴味也。其于形而上学且然，况乎美学、名学、知识论等冷淡不急之问题哉？更转而观诗歌之方面，则咏史、怀古、感事、赠人之题目，弥满充塞于诗界，而抒情叙事之作，十百不能得一。其有美术上之价值者，仅其写自然之美之一方面耳。甚至戏曲、小说之纯文学，亦往往以惩劝为旨，其有纯粹美术上之目的者，世非唯不知贵，且加贬焉。于哲学则如彼，于美术则如此，岂独世人不具眼之罪哉？抑亦哲学、家美术家自忘其神圣之位置与独立之价值，而蒽然以听命于众故也？

至我国哲学家及诗人所以多政治上之抱负者，抑又有说。夫势力之欲，人之所生而即具者，圣贤豪杰之所不能免也。而智力愈优者，其势力之欲也愈盛。人之对哲学及美术而有兴味者，必其智力之优者也，故其势力之欲亦准之。今纯粹之哲学与纯粹之美术，既不能得势力于我国之思想界矣，则彼等势力之欲，不于政治，将于何求其满足之地乎？且政治上之势力，有形的也，及身的也；而哲学、美术上之势力，无形的也，身后的也。故非旷世之豪杰，鲜有不为一时之势力所诱惑者矣。虽然，无亦其对哲学、美术之趣味有未深，而于其价值有未自觉者乎？今夫人积年月之研究，而一旦豁然悟宇宙人生之真理，或以胸中惝恍不可捉摸之意境一旦表诸文字、绘画、雕刻之上，此固彼天赋之能力之发展，而此时之快乐，决非南面王之所能易者也。且此宇宙人生而尚如故，则其所发明所表示之宇宙人生之真理之势力与价值，必仍如故。之二者，所以酬哲学家、美术家者，固已多矣。若夫忘哲学、美术之神圣，而以为道德、政治之手段者，正使其著作无价值者也。愿今后之哲学、美术家，毋忘其天职，而失其独立之位置，则幸矣！

原　命

我国哲学上之议论，集于"性"与"理"二字，次之者"命"也。"命"有二义：通常之所谓"命"，《论语》所谓"死生有命"是也；哲学上之所谓"命"，《中庸》所谓"天命之谓性"是也。命之有二义，其来已古，西洋哲学上亦有此二问题。其言祸福寿夭之有命者，谓之"定命论"(Fatalism)；其言善恶、贤不肖之有命，而一切动作皆由前定者，谓之"定业论"(Determinism)。而定业论与意志自由论之争，尤为西洋哲学上重大之事实，延至今日而尚未得最终之解决。我国之哲学家，除墨子外，皆定命论者也。然遽谓之定业论者，则甚不然。古代之哲学家中，今举孟子以代表之。孟子之为持定命论者，而兼亦持意志自由论，得由下二章窥之。

其曰：

求则得之，舍则失之，是求有益于得也，求在我者也；求之有道，得之有命，是求无益于得也，求在外者也。

又曰：

口之于味也，目之于色也，耳之于声也，鼻之于臭也，四肢之于安佚也，性也，有命焉，君子弗谓性也；仁之于父子也，义之于君臣也，礼之于宾主也，智之于贤者也，圣人之于天道也，命也，有性焉，君子弗谓命也。

前章之所谓"命"，即"死生有命"之"命"；后章之"命"，与"天命之谓性"之"命"略同，而专指气质之清浊而言之。其曰"命也，有性焉，君子不谓命也"，则孟子之非定业论者，昭昭然矣。至宋儒，亦继承此思想，今举张横渠之言以代表之。张子曰：

> 形而后有气质之性，善反之，则天地之性存焉。故气质之性，君子有弗性焉。（《正蒙·诚明篇》）

通观我国哲学上，实无一人持定业论者，故其昌言意志自由论者，亦不数数觏也。然我国伦理学无不预想此论者，此论之果确实与否，正吾人今日所欲研究者也。

我国之言命者，不外定命论与非定命论二种。二者于哲学上非有重大之兴味，故可不论。又我国哲学上无持定业论者，其他经典中所谓"命"，又与"性"字、与"理"字之义相近。朱子所谓："天则就其自然者言之，命则就其流行而赋于物者言之，性则就其全体而万物所得以为生者言之，理则就其事事物物各有其则者言之。到得合而言之，则天即理也，命即性也，性即理也。"而二者之说，已见于余之《释理》《论性》二篇，故亦可不论。今转而论西洋哲学上与此相似之问题，即定业论与自由意志论之争，及其解决之道，庶于吾国之性命论上，亦不无因之明晰云尔。

定业论者之说曰：吾人之行为，皆为动机所决定。虽吾人有时于二行为间或二动机间，若能选择其一者，然就实际言之，不过动机之强者制动机之弱者，而己之选择作用无与焉。故吾人行为之善恶皆必然的，因之吾人品性之善恶亦必然的，而非吾人自由所为也。意志自由论反是，谓吾人于二动机间有自由之选择力，而为一事与否，一存于吾人之自由，故吾人对自己之行为及品性，不能不自负其责任。此二者之争，自希腊以来，永为哲学上之题目。汗德（今译康德）《纯理批评》之第三《安梯诺米》中所示正理及反理之对立，实明示此争论者也。

此二论之争论而不决者，盖有由矣。盖从定业论之说，则吾人对自己之行为无丝毫之责任，善人不足敬，而恶人有辞矣；从意志自由论之说，则最普遍最必然之因果律为之破灭，此又受真理者之所不任受也。于是汗德始起而综合此二说曰："在现象之世界中，一切事物，必有他事物以为其原因，而此原因复有他原因以为之原因，如此递衍，以至于无穷，无往而不发见因果之关系。故吾人之经验的品性中，在在为因果律所决定，故必然而非自由也，此则定业论之说，真也；然现象之世界外，尚有本体之世界，故吾人经验的品性外，亦尚有睿智的品性，而空间、时间及因果律只能应用于现象之世界，本体之世界则立于此等知识之形式外；故吾人之睿智的品性，自由的非必然的也。此则意志自由论之说，亦真也。故同一事实，自现象之方面言之，则可谓之必然；而自本体之方面言之，则可谓之自由。而自由之结果，得现于现象之世界中，所谓'无上命法'是也。即吾人之处一事也，无论实际上能如此与否，必有当如此不当如此之感，他人亦不问我能如此否。苟不如此，必加以呵责，使意志而不自由，则吾人不能感其当然，他人亦不能加以责备也。今有一妄言者于此，自其经验的品性言之，则其原因存于不良之教育、腐败之社会，或本有不德之性质，或缺羞恶之感情，又有妄言所得之利益之观念为其目前之动机，以决定此行为。而吾人之研究妄言之原因也，亦得与研究自然中之结果之原因同。然吾人决不因其固有之性质故，决不因其现在之境遇故，亦决不因前此之生活状态故，而不加以责备，其视此等原因，若不存在者。然而以此行为为彼之所自造，何则？吾人之实践理性实离一切经验的条件而独立，以于吾人之动作中生一新方向。故妄言之罪，自其经验的品性言之，虽为必然的，然睿智的品性，不能不负其责任也。"此汗德之调停说之大略也。

汗德于是下自由之定义。其消极之定义曰："意志之离感性的冲动而独立。"其积极之定义则曰："纯粹理性之能现于实践也。"然意志之离冲动而独立，与纯粹理性之现于实践，更无原因以决定之欤？汗德亦应之曰："有理性之势力即是也。"故汗德以自由为因果之一种。但自由之因果与自然之因果，其性质异耳。然既有原因以决定之矣，则虽欲谓之自由，不可得也。其所以谓之自由者，则以其原因在我而不在外物，即在理性而不在外界之势力，故此又大不然者也。吾人所以从理性之命令而离身体上之冲动而独立者，必有种种之原因。此原因不存于现在，必存于过去；不存于个人之精神，必存于民族之精神。而此等表面的自由，不过不可见之原因战胜可见之原因耳。其为原因所决定，仍与自然界之事变无以异也。

叔本华亦绍述汗德之说而稍正其误，谓动机律之在人事界，与因果律之在自然界同。故意志之既入经验界，而现于个人之品性之后，则无往而不为动机所决定，唯意志之自己拒绝或自己主张，其结果虽现于经验上，然属意志之自由。然其谓意志之拒绝自己，本于物我一体之知识，则此知识非即拒绝意志之动机乎？则"自由"二字，意志之本体，果有此性质否，吾不能知。然其在经验之世界中，不过一空虚之概念，终不能有实在之内容也。

然则吾人之行为既为必然的，而非自由的，则责任之观念又何自起乎？曰：一切行为，必有外界及内界之原因。此原因不存于现在，必存于过去；不存于意识，必存于无意识。而此种原因，又必有其原因，而吾人对此等原因，但为其所决定，而不能加以选择。如汪德所引妄言之例，固半出于教育及社会之影响，而吾人之入如此之社会，受如此之教育，亦有他原因以决定之。而此等原因，往往为吾人所不及觉。现在之行为之不适于人生之目的也。一若当时全可以自由者，于是有责任及悔恨之感情起。而此等感情，以为心理上一种之势力故，故足为决定后日行为之原因。此责任之感情之实践上之价值也。故吾人责任之感情，仅足以影响后此之行为，而不足以推前此之行为之自由也。余以此二论之争，与"命"之问题相联络，故批评之于此，又使世人知责任之观念，自有实在上之价值，不必藉意志自由论为羽翼也。

古雅之在美学上之位置

　　"美术者，天才之制作也。"此自汗德以来百余年间学者之定论也。然天下之物，有决非真正之美术品，而又绝非利用品者；又其制作之人，决非必为天才，而吾人之视之也，若与天才所制作之美术无异者。无以名之，名之曰"古雅"。

　　欲知古雅之性质，不可不知美之普遍之性质。美之性质，一言以蔽之，曰：可爱玩而不可利用者是已。虽物之美者，有时亦足供吾人之利用，但人之视为美时，决不计及其可利用之点。其性质如是，故其价值亦存于美之自身，而决不存乎其外。而美学上之区别美也，大率分为二种：曰优美，曰宏壮。自巴克及汗德之书出，学者殆视此为精密之分类矣。至古今学者对优美及宏壮之解释，各由其哲学系统之差别而各不同。要而言之，则前者由一对象之形式，不关于吾人之利害，遂使吾人忘利害之念，而以精神之全力沉浸于此对象之形式中。自然及艺术中普通之美，皆此类也。后者则由一对象之形式，越乎吾人智力所能驭之范围，或其形式大不利于吾人，而又觉其非人力所能抗，于是吾人保存自己之本能，遂超越乎利害之观念外，而达观其对象之形式，如自然中之高山大川、烈风雷雨，艺术中之伟大宫室、悲惨之雕刻象、历史画、戏曲、小说等皆是也。此二者，其可爱玩而不可利用也同。

　　若夫所谓古雅者则何如？一切之美，皆形式之美也。就美之自身言之，则一切优美皆存于形式之对称变化及调和。至宏壮之对象，汗德虽谓之无形式，然以此种无形式之形式，能唤起宏壮之情，故谓之形式之一种，无不可也。就美术之种类言之，则建筑、雕刻、音乐之美之存于形式固不俟论，即图画、诗歌之美之兼存于材质之意义者，亦以此等材质适于唤起美情故，故亦得视为一种之形式焉。释迦与马利亚庄严圆满之相，吾人亦得离其材质之意义，而感无限之快乐，生无限之钦仰。戏曲、小说之主人翁及其境遇，对文章之方面而言，则为材质；然对吾人之情感言之，则此等材质又为唤起美情之最适之形式。故除吾人之感情外，凡属于美之对象者，皆形式而非材质也。而一切形式之美，又不可无他形式以表之，唯经过此第二之形式，斯美者愈增其美，而吾人之所谓古雅，即此种第二之形式。即形式之无优美与宏壮之属性者，亦因此第二形式故，而得一种独立之价值。故古雅者，可谓之形式之美之形式之美也。

夫然，故古雅之致，存于艺术而不存于自然。以自然但经过第一形式，而艺术则必就自然中固有之某形式，或所自创造之新形式，而以第二形式表出之。即同一形式，其表之也各不同；同一曲也，而奏之者各异；同一雕刻、绘画也，而真本与摹本大殊。诗歌亦然。"夜阑更秉烛，相对如梦寐"之于"今宵剩把银釭照，犹恐相逢是梦中"，"愿言思伯，甘心首疾"之于"衣带渐宽终不悔，为伊消得人憔悴"，其第一形式相同，而前者温厚，后者刻露者，其第二形式异也。一切艺术，无不皆然，于是有所谓雅俗之区别起。优美及宏壮必与古雅合，然后得显其固有之价值。不过优美及宏壮之原质愈显，则古雅之原质愈蔽。然吾人所以感如此之美且壮者，实以表出之之雅故，即以其美之第一形式，更以雅之第二形式表出之故也。

虽第一形式之本不美者，得由其第二形式之美（雅）而得一种独立之价值。茅茨土阶，与夫自然中寻常琐屑之景物，以吾人之肉眼观之，举无足与于优美若宏壮之数，然一经艺术家（若绘画，若诗歌）之手，而遂觉有不可言之趣味。此等趣味，不自第一形式得之，而自第二形式得之，无疑也。绘画中之布置，属于第一形式，而使笔使墨，则属于第二形式。凡以笔墨见赏于吾人者，实赏其第二之形式也。此以低度之美术（如书法等）为尤甚。三代之钟鼎，秦汉之摹印，汉魏六朝、唐宋之碑帖，宋元之书籍等，其美之大部，实存于第二形式。吾人爱石刻不如爱真迹，又其于石刻中爱翻刻不如爱原刻，亦以此也。凡吾人所加于雕刻、书画之品评，曰"神"、曰"韵"、曰"气"、曰"味"，皆就第二形式之言者多，而就第一形式言之者少。文学亦然，古雅之价值，大抵存于第二形式。西汉之匡、刘，东京之崔、蔡，其文之优美宏壮，远在贾、马、班、张之下，而吾人之嗜之也，也亦无逊于彼者，以雅故也。南丰之于文，不必工于苏、王，姜夔之于词，且远逊于欧、秦，而后人亦嗜之者，以雅故也。由是观之，则古雅之原质，为优美及宏壮中不可或缺之原质，且得离优美、宏壮而有独立之价值，则固一不可诬之事实也。

然古雅之性质，有与优美及宏壮异者。古雅之但存于艺术，而不存于自然，即如上文所论矣，至判断古雅之力，亦与判断优美与宏壮之力不同，后者先天的，前者后天的、经验的也。优美及宏壮之判断之为先天的判断，自汗德之《判断力批评》后，殆无反对之者。此判断既为先天的，故亦普遍的、必然的也。易言以明之，即一艺术家所视为美者，一切艺术家亦必视为美。

此汗德之所以于其美学中，预想一公共之感官者也。若古雅之判断则不然，由时之不同，而人之判断之也各异。吾人所断为古雅者，实由吾人今日之位置断之。古代之遗物无不雅于近世之制作，古代之文学虽至拙劣，自吾人读之无不古雅者；若自古人之眼观之，殆不然矣。故古雅之判断，后天的也，经验的也，故亦特别的也，偶然的也。此由古代表出之第一形式之道与近世大异，故吾人睹其遗迹，不觉有遗世之感随之，然在当日则不能。若优美及宏壮，则固无此时间上之限制也。

古雅之性质既不存于自然，而其判断亦但由经验，于是艺术中古雅之部分，不必尽俟天才，而亦得以人力致之。苟其人格诚高，学问诚博，则虽无艺术上之天才者，其制作亦不失为古雅；而其观艺术也，虽不能喻其优美及宏壮之部分，犹能喻其古雅之部分。若夫优美及宏壮，则非天才殆不能捕攫之而表出之。今古第三流以下之艺术家，大抵能雅尔不能美且壮者，职是故也。以绘画论，则有若国朝之王翚，彼固无艺术上之天才，但以用力甚深之故，故摹古则优，而自运则劣，则岂不以其舍其所长之古雅，而欲以优美、宏壮与人争胜也哉？以文学论，则除前所述匡、刘诸人外，若宋之山谷，明之青邱、历下，国朝之新城等，其去文学上之天才盖远，徒以有文学上之修养故，其所作遂带一种典雅之性质。而后之无艺术上之天才者，亦以其典雅故，遂与第一流之文学家等类而观之；然其制作之负于天才者十之二三，而负于人力者十之七八，则固不难分析而得之也。又虽真正之天才，其制作非必皆神来兴到之作也。以文学论，则虽最优美、最宏壮之文学中，往往书有陪衬之篇，篇有陪衬之章，章有陪衬之句，句有陪衬之字。一切艺术，莫不如是。此等神兴枯涸之处，非以古雅弥缝之不可。而此等古雅之部分，又非藉修养之力不可。若优美与宏壮，则固非修养之所能为力也。

　　然则古雅之价值，遂远出优美及宏壮下乎？曰：不然。可爱玩而不可利用者，一切美术品之公性也。优美与宏壮然，古雅亦然。而以吾人之玩其物也，无关于利用故，遂使吾人超出乎利害之范围外，而惝恍于缥缈宁静之域。优美之形式，使人心和平；古雅之形式，使人心休息，故亦可谓之低度之优美。宏壮之形式，常以不可抵抗之势力唤起人钦仰之情；古雅之形式，则以不习于世俗之耳目故，而唤起一种之惊讶。惊讶者，钦仰之情之初步，故虽谓古雅为低度之宏壮，亦无不可也。故古雅之位置，可谓在优美与宏壮之间，而兼有此二者之性质也。至论其实践方面，则以古雅之能力，能由修养得之，故可为美育普及之津梁。虽中智以下之人，不能创造优美及宏壮之物者，亦得由修养而有古雅之创造力；又虽不能喻优美及宏壮之价值者，亦得于优美、宏壮中之古雅之原质，或于古雅之制作物中得其直接之慰藉。故古雅之价值，自美学上观之，诚不能及优美及宏壮，然自其教育众庶之效言之，则虽谓其范围较大、成效较著可也。

　　因美学上尚未有专论古雅者，故略述其性质及位置如右。篇首之疑问，庶得由是而说明之欤？

论教育之宗旨

教育之宗旨何在？在使人为完全之人物而已。何谓完全之人物？谓人之能力无不发达且调和是也。人之能力分为内外二者：一曰身体之能力，一曰精神之能力。发达其身体而萎缩其精神，或发达其精神而罢敝其身体，皆非所谓完全者也。完全之人物，精神与身体必不可不为调和之发达。而精神之中又分为三部：智力、感情及意志是也。对此三者而有真美善之理想："真"者智力之理想，"美"者感情之理想，"善"者意志之理想也。完全之人物，不可不备真、美、善之三德，欲达此理想，于是教育之事起。教育之事亦分为三部：智育、德育（即意育）、美育（即情育）是也。如佛教之一派，及希腊罗马之斯多噶派，抑压人之感情而使其能力专发达于意志之方面；又如近世斯宾塞尔之专重智育，虽非不切中一时之利弊，皆非完全之教育也。完全之教育，不可不备此三者。今试言其大略。

一、知育。人苟欲为完全之人物，不可无内界及外界之知识，而知识之程度之广狭，应时地而不同。古代之知识，至近代而觉其不足；闭关自守时之知识，至万国交通时而觉其不足。故居今之世者，不可无今世之知识。知识又分为理论与实际二种。溯其发达之次序，则实际之知识常先于理论之知识；然理论之知识发达后，又为实际之知识之根本也。一科学，如数学、物理学、化学、博物学等，皆所谓理论之知识。至应用物理、化学于农工学，应用生理学于医学，应用数学于测绘等，谓之实际之知识。理论之知识乃人人天性上所要求者，实际之知识则所以供社会之要求而维持一生之生活。故知识之教育，实必不可缺者也。

二、德育。然有知识而无道德，则无以得一生之福祉而保社会之安宁，未得为完全之人物也。夫人之生也，为动作也，非为知识也。古今中外之哲人，无不以道德为重于知识者，故古今中外之教育，无不以道德为中心点。盖人之至高之要求在于福祉，而道德与福祉实有不可离之关系。爱人者人恒爱之，敬人者人恒敬之；不爱敬人者反是。如影之随形，响之随声，其效不可得而诬也。《书》云："惠迪吉；从逆凶。"希腊古贤所唱福德合一论，固无古今中外之公理也。而道德之本原又由内界出而非外铄我者。张皇而发挥之，此又教育之任也。

三、美育。德育与知育之必要，人人知之；至于美育，有不得不一言者。盖人心之动，无不束缚于一己之利害；独美之为物，使人忘一己之利害而入高尚纯洁之域，此最纯粹之快乐也。孔子言志，独与曾点；又谓"兴于诗""成于乐"。希腊古代之以音乐为普通学之一科，及近世希痕林、希尔列尔等之重美育学，实非偶然也。要之，美育者，一面使人之感情发达，以达完美之域；一面又为德育与智育之手段，此又教育者所不可不留意也。

然人心之知情意三者，非各自独立，而互相交错者。如人为一事时，知其当为者，"知"也；欲为之者"意"也；而当其为之，前后又有苦乐之"情"伴之。此三者，不可分离而论之也，故教育之时，亦不能加以区别。有一科而兼德育、智育者，有一科而兼美育、德育者，又有一科而兼此三者。三者并行而得渐达真善美之理想，又加以身体之训练，斯得为完全之人物，而教育之能事毕矣。

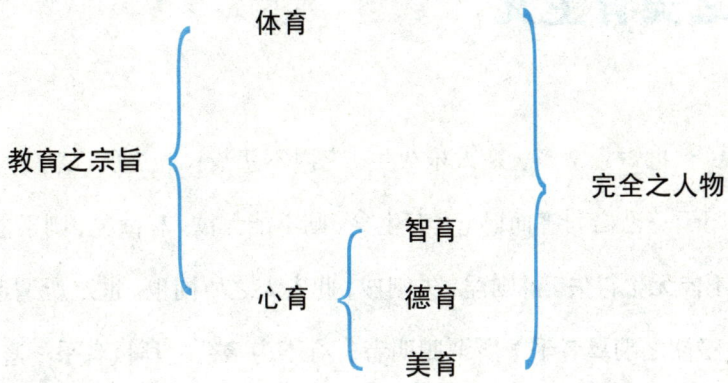

孔子之美育主义

诗云："世短意常多，斯人乐久生。"岂不悲哉！人之所以朝夕营营者，安归乎？归于一己之利害而已。人有生矣，则不能无欲；有欲矣，则不能无求；有求矣，不能无生得失。得则淫，失则戚，此人人之所同也。世之所谓道德者，有不为此嗜欲之羽翼者乎？所谓聪明者，有不为嗜欲之耳目者乎？避苦而就乐，喜得而恶丧，怯让而勇争；此又人人之所同也。于是，内之发于人心也，则为苦痛；外之见于社会也，则为罪恶。然世终无可以除此利害之念，而泯人己之别者欤？将社会之罪恶固不可以稍减，而人心之苦痛遂长此终古欤？曰：有，所谓"美"者是已。

美之为物，不关于吾人之利害者也。吾人观美时，亦不知有一己之利害。德意志之大哲人汗德，以美之快乐为不关利害之快乐 (Disinterested Pleasure)。至叔本华而分析观美之状态为二原质：（一）被观之对象，非特别之物，而此物之种类之形式；（二）观者之意识，非特别之我，而纯粹无欲之我也。（《意志及观念之世界》第一册二百五十三页。）何则？由叔氏之说，人之根本在生活之欲，而欲常起于空乏。既偿此欲，则此欲以终；然欲之被偿者一，而不偿者十百；一欲既终，他欲随之，故究竟之慰藉终不可得。苟吾人之意识而充以嗜欲乎？吾人而为嗜欲之我乎？则亦长此辗转于空乏、希望与恐怖之中而已，欲求福祉与宁静，岂可得哉！然吾人一旦因他故而脱此嗜欲之网，则吾人之知识已不为嗜欲之奴隶，于是得所谓无欲之我。

无欲，故无空乏，无希望，无恐怖；其视外物也，不以为与我有利害之关系，而但视为纯粹之外物。此境界唯观美时有之。苏子瞻所谓"寓意于物"（《宝绘堂记》）；邵子曰："圣人所以能一万物之情者，谓其能反观也。所以谓之反观者，不以我观物也。不以我观物者，以物观物之谓也。既能以物观物，又安有我于其间哉？"（《皇极经世·观物内篇》七）此之谓也。其咏之于诗者，则如陶渊明云："采菊东篱下，悠然见南山。山气日夕佳，飞鸟相与还。此中有真意，欲辩已忘言。"谢灵运云："昏旦变气候，山水含清晖。清晖能娱人，游子澹忘归。"或如白伊龙云：

I Live not in myself, but l become

Portion of that around me; and to me

High mountains are a feeling.

皆善咏此者也。

夫岂独天然之美而已，人工之美亦有之。宫观之瑰杰，雕刻之优美雄丽，图画之简淡冲远，诗歌音乐之直诉人之肺腑，皆使人达于无欲之境界。故秦西自雅里大德勒以后，皆以美育为德育之助。至近世，谴夫志培利、赫启孙等皆从之。乃德意志之大诗人希尔列尔出，而大成其说，谓："人日与美相接，则其感情日益高，而暴慢鄙倍之心自益远。故美术者科学与道德之生产地也。"又谓："审美之境界乃不关利害之境界，故气质之欲灭而道德之欲得，由之以生。故审美之境界，乃物质之境界与道德之境界之津梁也。于物质之境界中，人受制于天然之势力；于审美之境界则远离之，于道德之境界

则统御之。"（希氏《论人类美育之书简》）由上所说，

则审美之位置犹居于道德之次。然希氏后日更进而说美之无上之价值，曰："如人必以道德之欲克制气质之欲，则人性之两部犹未能调和也。于物质之境界及道德之境界中，人性之一部必克制之，以扩充其他部。然人之所以为人，在息此内界之争斗，而使卑劣之感跻于高尚之感觉。如汗德之《严肃论》中，气质与义务对立，犹非道德上最高之理想也。最高之理想存于美丽之心 (Beautiful Soul)，其为性质也，高尚纯洁，不知有内界之争斗，而唯乐于守道德之法则，此性质唯可由美育得之。"（芬特尔朋《哲学史》第六百页）此希氏最后之说也。顾无论美之与善，其位置孰为高下，而美育与德育之不可离，昭昭然矣。

今转而观我孔子之学说。其审美学上之理论虽不可得而知，然其教人也，则始于美育，终于美育。《论语》曰："小子何莫学夫《诗》。《诗》可以兴，可以观，可以群，可以怨。迩之事父，远之事君，多识于鸟兽草木之名。"又曰："兴于《诗》，立于礼，成于乐。"其在古昔，则胄子之教，典于后夔；大学之事，董于乐正。然则以音乐为教育之一科，不自孔子始矣。荀子说其效曰："乐者，圣人之所乐也，而可以善民心。其感人深，其移风易俗。……故乐行而志清，礼修而行成，耳目聪明，血气和平，移风易俗，天下皆宁。"

（《乐论》）此之谓也。故"子在齐闻《韶》"，则"三月不知肉味"。而《韶》乐之作，虽挈壶之童子，其视精，其行端。音乐之感人，其效有如此者。

且孔子之教人，于诗乐外，尤使人玩天然之美。故习礼于树下，言志于农山，游于舞雩，叹于川上。使门弟子言志，独与曾点。点之言曰："莫

春者，春服既成，冠者五六人，童子六七人，浴乎沂，风乎舞雩，咏而归。"由此观之，则平日所以涵养其审美之情者可知矣。之人也，之境也，固将磅礴万物以为一，我即宇宙，宇宙即我也。光风霁月不足以喻其明，泰山华岳不足以语其高，南溟渤澥不足以比其大。邵子所谓"反观"者非欤？叔本华所谓"无欲之我"、希尔列尔所谓"美丽之心"者非欤？此时之境界，无希望，无恐怖，无内界之争斗，无利无害，无人无我，不随绳墨而自合于道德之法则。一人如此，则优入圣域；社会如此，则成华胥之国。孔子所谓"安而行之"，与希尔列尔所谓"乐于守道德之法则"者，舍美育无由矣。

　　呜呼！我中国，非美术之国也。一切学业，以利用之大宗旨贯注之。治一学，必质其有用与否；为一事，必问其有益与否。美之为物，为世人所不顾久矣！故我国建筑、雕刻之术，无可言者。至图画一技，宋元以后，生面特开，其淡远幽雅实有非西人所能梦见者。诗词亦代有作者。而世之贱儒辄援"玩物丧志"之说相诋。故一切美术皆不能达完全之域。美之为物，为世人所不顾久矣！庸讵知无用之用，有胜于有用之用者乎？以我国人审美之趣味之缺乏如此，则其朝夕营营，逐一己之利害而不知返者，安足怪哉！安足怪哉！庸讵知吾国所尊为"大圣"者，其教育固异于彼贱儒之所为乎？故备举孔子美育之说，且诠其所以然之理。世之言教育者，可以观焉。

论平凡之教育主义

天下事有言之有故、持之成理，而实无当于今日之急务者，则流行之平凡教育主义是已。彼等之言曰："不立小学，不能立中学；不立中学，不能立大学。故今日当务之急，在多立小学，而中学、大学，图之小学尽立之后，未为晚也。"（本报第三期迁君论说参照）此其言固常识之所易知，而亦苟安之政治家之所乐闻也。不知为此说者，谓今日之教育，但当限于六七龄之儿童欤？抑将聚成童以上未学之人，而悉以教六七龄之儿童者教之欤？由前之说，则十余岁以上人，无就学之地，而二十年以内，国无可用之人。使国家弃数百万之人才而阻教十年之进步，其害无甚于此矣！由后之说，则使成人之为学者，必蹈小学、中学、大学之次序，比其材之成，至少亦须俟诸十数年之后，其害与前说等。夫学专门学者，因不可无普通学之预备。六七龄之童子，自断无授以专门之理。然年齿稍长，智力已熟者，则加以二三年之补习，而授以专门之学，微论足济国家需才之亟，亦对今日少年之教育，其理固宜如此也。故今日大学、中学之弊，不在于有其名，而在于其无其实。不举其实而欲降其格以就之，抑亦不思之甚者也！

论为学之次第，固宜循小、中、大学之序。亦思欧洲学校之历史，固有大不然者乎？大学之立，远在中世之顷，而主张小学之普及者，则仅近百年之事耳。大学之立之先于中、小学，专门教育之先于普通教育，此学校发达史上不可拒之事实也。即在今日，如俄罗斯科学、文学、政治之大家，几与德、法并驾，而普通教育之设备，尚不逮意大利、西班牙诸国，然所以屡败于日本而尚不屈者，则岂非以国尚有人哉？日本之兴学也，亦中、小学与大学同时并举，今日当国之元老，与夫于政治、社会、陆海军中占重要之地位者，皆当日未受完全之普通教育，而躐等以学专门之学者也。德之胜法也，太将毛奇，以其功归之小学教师。吾人不敢不谓，普之强大半归于普通教育之力。然毛氏之语，乃出于功成不居者之自道，则又不可忘也。天下大事，多出于英雄，天才之手，蚩蚩者直从风而靡耳。教育不足以造英雄与天才，而英雄与天才，自不可无陶冶之教育。高等教育之责任，在使英雄与天才得其陶冶之地，而无天阏之虞。今以国事之亟而人才之乏，则亟兴高等之教育，以靳有一二英雄、天才于其间，而其次者，亦足以供驱策之用。兹事体大，固不可一日缓矣；而议者犹曰无为，此则可大息者也！

此平凡主义之教育，我国上下一般之所赞成也。如南京之陆师学堂，其程度虽不足当外国陆军之专门学校，然以之比外国之陆军中学，如日本之幼年学校，固未为劣也。即令稍有所劣，则高其程度可耳。夫生徒年在十五六以上，有汉文之素养，而其材质非下下者，则施以中等之教育，何所不可？而必欲改为陆军小学，固无怪学生之不能默尔也。以二十以上之人，而使降受小学之教育，无论非国家育才之本旨，即以教育学之理法言之，亦岂合也哉？此皆平凡主义误之也。由此平凡主义，即使小学遍立于全国，愚民之知识当稍胜于前日，至于经国体野、扶危定倾之人才，又何从得之哉？且欲兴小学，则不可无小学之教师，而小学之教师，非受中等之教育者不能为也；欲兴中学，不可无中学之教师，而中学之教师又非受高等之教育者不能为也。故初等、中等、高等之教育三者，当并行而不当偏废。今日之要务，在一面兴普通教育，一面召集年长才秀之生徒，先与以必要之预备，而授专门之学术，庶足以理万端之新政，而供中学之教员。事无亟于此者矣。余以平凡主义之近理而乱真也，故为之破其惑如右。

论近年之学术界

　　外界之势力之影响于学术，岂不大哉！自周之衰，文王、周公势力之瓦解也，国民之智力成熟于内，政治之纷乱乘之于外，上无统一之制度，下迫于社会之要求，于是诸于九流各创其学说，于道德、政治、文学上，灿然放万丈之光焰。此为中国思想之能动时代。自汉以后，天下太平，武帝复以孔子之说统一之。其时新遭秦火，儒家唯以抱残守缺为事，其为诸子之学者，亦但守其师说，无创作之思想，学界稍稍停滞矣。佛教之东，适值吾国思想凋敝之后，当此之时，学者见之，如饥者之得食，渴者之得饮，担簦访道者，接武于葱岭之道；翻经译论者，云集于南北之都，自六朝至于唐室，而佛陀之教极千古之盛矣。此为吾国思想受动之时代。然当是时，吾国固有之思想与印度之思想互相并行而不相化合，至宋儒出而一调和之，此又由受动之时代出而稍带能动之性质者也。自宋以后以至本朝，思想之停滞略同于两汉，至今日而第二之佛教又见告矣，西洋之思想是也。

　　今置宗教之方面勿论，但论西洋之学术。元时罗马教皇以希腊以来所谓七术（文法、修辞、名学、音乐、算术、几何学、天文学）遗世祖，然其书不传。至明末，而数学与历学，与基督教俱入中国，遂为国家所采用。然此等学术，皆形下之学，与我国思想上无丝毫之关系也。咸同以来，上海、天津所译书，大率此类。唯近七八年前，侯官严氏（复）所译之赫胥黎《天演论》（赫氏原书名《进化论与伦理学》，译义不全）出，一新世人之耳目，比之佛典，其殆摄摩腾之《四十二章经》乎？嗣是以后，达尔文、斯宾塞之名，腾于众人之口；"物竞天择"之语，见于通俗之文。顾严氏所奉者，英吉利之功利论及进化论之哲学耳，其兴味之所存，不存于纯粹哲学，而存于哲学之各分科，如经济、社会等学，其所最好者也。故严氏之学风，非哲学的，而宁科学的也。此其所以不能感功吾国之思想界者也。近三四年，法国十八世纪之自然主义，由日本之介绍而入于中国，一时学海波涛沸渭矣。然附和此说者，非出于知识，而出于情意。彼等于自然主义之根本思想，固懵无所知，聊借其枝叶之语，以图遂其政治上之目的耳。由学术之方面观之，谓之无价值可也。其有蒙西洋学说之影响，而改造古代之学说，于吾国思想界上占一时之势力者，则有南海□□□（康有为）之《孔子改制考》《春秋董氏学》，浏阳□□□（谭嗣同）之《仁学》。□氏以元统天之说，大有泛神沦之臭味；其崇拜孔子也，颇模仿基督教；其以预言者自居，又居然抱穆罕默德之野心者也。其震人耳目之处，在脱数千年思想之束缚，而易之以西洋已失势力之迷信，此其学问上之事业不得不与其政治上之企图同归于失败者也。然口氏之于学术，非有固有之兴味，不过以之为政治上之手段，《荀子》所谓"今之学者以为禽犊"者也。□（谭）氏之说，则出于上海教会中所译之治心免病法，其形而上学之以太说，半唯物论、半神秘论也。人之读此书者，其兴味不在此等幼稚之形而上学，而在其政治上之意见。□（谭）氏此书之目的，亦在此而不在彼，固与南海□（康）氏同也。庚辛以还，各种杂志接踵而起，其执笔者，非喜事之学生．则亡命之逋臣也。此等杂志，本不知学问为何物，而但有政治上之目的，虽时有学术上之议论，不但剽窃灭裂而已。如《新民丛报》中之《汗德哲学》，其纰缪十且八九也。其稍有一顾之价值者，则《浙江潮》

中某氏之《续无鬼论》，作者忘其科学家之本分，而闯入形而上学，以鼓吹其素朴浅薄之唯物论，其科学上之引证亦甚疏略；然其唯有学术上之目的，则固有可褒者。又观近数年之文学，亦不重文学自己之价值，而唯视为政治教育之手段，与哲学无异。如此者，其亵渎哲学与文学之神圣之罪，固不可逭，欲求其学说之有价值，安可得也！故欲学术之发达，必视学术为目的，而不视为手段而后可。汗德《伦理学》之格言曰："当视人人为一目的，不可视为手段。"岂特人之对人当如是而已乎，对学术亦何独不然？然则彼等言政治，则言政治已耳，而必欲渎哲学、文学之神圣，此则大不可解者也。

　　近时之著译与杂志既如斯矣，至学校则何如？中等学校以下，但授国民必要之知识，其无与于思想上之事，固不俟论。京师大学之本科，尚无设立之日；即令设立，而据南皮张尚书之计划，仅足以养成呫哔之俗儒耳。此外私立学校，亦无足以当专门之资格者。唯上海之震旦学校，有丹徒马氏（良）之哲学讲义，虽未知其内容若何，然由其课程观之，则依然三百年前特嘉尔之独断哲学耳。国中之学校如此，则海外之留学界如何？夫同治及光绪初年之留学欧美者，皆以海军制造为主，其次法律而已，以纯粹科学专其家者，独无所闻。其稍有哲学之兴味如严复氏者，亦只以余力及之，其能接欧人深邃伟大之思想者，吾决其必无也；即令有之，亦其无表出之之能力，又可决也。况近数年之留学界，或抱政治之野心，或怀实利之目的，其肯研究冷淡干燥、无益于世之思想问题哉？即有其人，然现在之思想界，未受其戈戈之影响，则又可不言而决也。

　　由此观之，则近数年之思想界，岂特无能动之力而已乎，即谓之未尝受动，亦无不可也。夫西洋思想之入我中国为时无几，诚不能与六朝、唐室之于印度较，然西洋之思想与我中国之思想，同为人世间的；非如印度之出世间的思想，为我国古所未有也。且重洋交通，非有身热头痛之险；文字易学，非如佉卢之难也，则我国思想之受动，宜较昔日为易，而顾如上所述者何哉？盖佛教之入中国，帝王奉之，士夫敬之，蚩蚩之氓，膜拜而顶礼之，且唐宋以前，孔子之一尊未定，道统之说未起，学者尚未有入主出奴之见也，故其学易盛，其说易行。今则大学分科不列哲学，士夫谈论动诋异端，国家以政治上之骚动，而疑西洋之思想皆酿乱之麹糵；小民以宗教上之嫌忌，而视欧美之学术皆两约之悬谈。且非常之说，黎民之所惧；难知之道，下士之所笑。此苏格拉底之所以仰药，婆鲁诺之所以焚身，斯披诺若之所以破门，汗德之所以解职也。其在本国且如此，况乎在风俗文物殊异之国哉！则西洋之思想之不能骤输入我中国，亦自然之势也。况中国之民，固实际的而非理论的，即令一时输入，非与我中国固有之思想相化，决不能保其势力。观夫三藏之书已束于高阁，两宋之说犹习于学官，前事之不忘，来者可知矣。

然由上文之说，而遂疑思想上之事，中国自中国，西洋自西洋者，此又不然。何则？智力人人之所同有，宇宙人生之问题，人人之所不得解也。具有能解释此问题之一部分者，无论其出于本国或出于外国，其偿我知识上之要求而慰我怀疑之苦痛者，则一也。同此宇宙，同此人生，而其观宇宙人生也，则各不同。以其不同之故，而遂生彼此之见，此大不然者也。学术之所争，只有是非真伪之别耳。于是非真伪之别外，而以国家、人种、宗教之见杂之，则以学术为一手段，而非以为一目的也。未有不视学术为一目的而能发达者，学术之发达存于其独立而已。然则吾国今日之学术界，一面当破中外之见，而一面毋以为政论之手段，则庶可有发达之日欤？

论新学语之输入

近年文学上有一最著之现象，则新语之输入是已。夫言语者，代表国民之思想者也，思想之精粗广狭，视言语之精粗广狭以为准，观其言语，而其国民之思想可知矣。周秦之言语，至翻译佛典之时代而苦其不足；近世之言语，至翻译西籍时而又苦其不足，是非独两国民之言语间有广狭精粗之异焉而已，国民之性质各有所特长，其思想所造之处各异，故其言语或繁于此而简于彼，或精于甲而疏于乙，此在文化相若之国犹然，况其稍有轩轾者乎？抑我国人之特质，实际的也，通俗的也；西洋人之特质，思辨的也，科学的也，长于抽象而精于分类，对世界一切有形无形之事物，无往而不用综括（Generalization）及分析（Specification）之二法，故言语之多，自然之理也。吾国人之所长，宁在于实践之方面，而于理论之方面则以具体的知识为满足；至分类之事，则除迫于实际之需要外，殆不欲穷究之也。夫战国议论之盛，不下于印度六哲学派及希腊诡辩学派之时代。然在印度，则足目出，而从数论、声论之辩论中抽象之而作因明学，陈那继之，其学遂定。希腊则有雅里大德勒自哀利亚派、诡辩学派之辩论中抽象之而作名学。而在中国，则惠施、公孙龙等所谓名家者流，徒骋诡辩耳，其于辩论思想之法则，固彼等之所不论，而亦其所不欲论者也。故我中国有辩论而无名学，有文学而无文法，足以见抽象与分类二者，皆我国人之所不长，而我国学术尚未达自觉（Selfconsciousness）之地位也。况于我国夙无之学，言语之不足用，岂待论哉？夫抽象之过，往往泥于名而远于实，此欧洲中世学术之一大弊，而今世之学者犹或不免焉。乏抽象之力者，则用其实而不知其名，其实亦遂漠然无所依，而不能为吾人研究之对象。何则？在自然之世界中，名生于实；而在吾人概念之世界中，实反依名而存故也。事物之无名者，实不便于吾人之思索，故我国学术而欲进步乎，则虽在闭关独立之时代犹不得不造新名，况西洋之学术驳驳而入中国，则言语之不足用，固自然之势也。

如上文所说，言语者，思想之代表也，故新思想之输入，即新言语输入之意味也。十年以前，西洋学术之输入，限于形而下学之方面，故虽有新字新语，于文学上尚未有显著之影响也。数年以来，形上之学渐入于中国，而又有一日本焉，为之中间之驿骑，于是日本所造译西语之汉文，以混混之势而侵入我国之文学界。好奇者滥用之，泥古者唾弃之，二者皆非也。夫普通之文字中，固无事于新奇之语也，至于讲一学、治一艺，则非增新语不可。而日本之学者既先我而定之矣，则沿而用之，何不可之有？故非甚不妥者，吾人固无以创造为也。侯官严氏，今日以创造学语名者也。严氏造语之工者固多，而其不当者亦复不少，兹笔其最著者，如"Evolution"之为"天演"也，"Sympathy"之为"善相感"也。而"天演"之于"进化"，"善相感"之于"同情"，其对"Evolution"与"Sympathy"之本义，孰得孰失，孰明孰昧，凡稍有外国语之知识者，宁俟终朝而决哉？又西洋之新名，往往喜以不适当之古语表之，如译"Space"（空间）为"宇"、"Time"（时间）为"宙"是已。夫谓"Infinite Space"（无限之空间）、"Infinite Time"（无限之时间）曰"宇"曰"宙"可矣，至于一孔之隙，一弹指之间，何莫非空间、时间乎？空间、时间之概念，足以该宇宙，而宇宙之概念，不足以该空间、时间。以"宇宙"表"SpaceTime"，是举其部分而遗其全体（自概念上论）也。以外类此者，不可胜举。夫以严氏之博雅而犹若是，况在他人也哉！且日人之定名，亦非苟焉而已，经专门数十家之考究，数十年之改正，以有今日者也。窃谓截取日人之译语，有数便焉：因袭之易，不如创造之难，一也；两国学术有交通之便，无扞格之虞，二也。（叔本华讥德国学者，于一切学语不用拉丁语，而用本国语，谓"如英法学者，亦如德人之愚，则吾侪学一专门之学语，必学四五度而后可。"其言颇可味也。）有此二便而无二难，虽然，余非谓日人之译语必皆精确者也。试以吾心之现象言之，如"Idea"为"观念"，"Intuition"之为"直观"，其一例也。夫"Intuition"者，谓吾心直觉五官之感觉，故听嗅尝触，苟于五官之作用外，加以心之作用，皆谓之"Intuition"，不独目之所观而已。"观念"亦然。观念者，谓直观之事物。其物既去，而其象留于心者，则但谓之观，亦有未妥，然在原语亦有此病，不独译语而已。"Intuition"之语，源出于拉丁之"In"及"tuitus"二语。"tuitus"者，"观"之意味也。盖观之作用，于五官中为最要，故悉取由他官之知觉，而以其最要之名名之也。"Idea"之语，源出于希腊语之"Ictea"及"Idein"，亦"观"之意也。以其源来自五官，故谓之观；以其所观之物既去而象尚存，故谓之念。或有谓之"想念"者，然考张湛《列子注·序》所谓"想念以著物自丧"者，则"想念"二字乃伦理学上之语，而非心理学上之语，其劣于"观念"也审矣。至"Conception"之为"概念"，苟用中国古语，则谓之"共名"亦可（《荀子·正名篇》）。然一为名学上之语，一为文法上之语，苟混此二者，此灭名学与文法之区别也。由上文所引之例观之，则日人所定之语，虽有未精确者，而创造之新语，卒无以加于彼，则其不用之也谓何？要之，处今日而讲学，已有不能不增新语之势，而人既造之，我沿用之，其势无便于此者矣。

然近人之唾弃新名词，抑有由焉，则译者能力之不完全是也。今之译者（指译日本书籍者言），其有解日文之能力者，十无一二焉；其有国文之素养者，十无三四焉；其能兼通西文，深知一学之真意者，以余见闻之狭，殆未见其人也。彼等之著译，但以罔一时之利耳，传知识之思想，彼等先天中所未有也。故其所作，皆粗漏庞杂，估屈而不可读。然因此而遂欲废日本已定之学语，此又大不然者也。若谓用日本已定之语，不如中国古语之易解，然如侯官严氏所译之《名学》，古则古矣，其如意义之不能了然何？以吾辈稍知外国语者观之，毋宁手穆勒原书之为快也。余虽不敢谓用日本已定之语必贤于创造，然其精密则固创造者之所不能逮。（日本人多用双字，其不能通者，则更用四字以表之。中国则习用单字，精密不精密之分，全在于此。）而创造之语之难解，其与日本已定之语，相去又几何哉？若夫粗漏估屈之书，则固吾人之所唾弃，而不俟踌躇者也。

教育小言十则

一

名与实之相背驰也久矣。地方自治也，教育普及也，皆天下至美之名，而其实固非一朝一夕之所能几也。今日之时代，乃预备之时代，而非实行之时代，若以预备为实行，是犹伐一年之木而刈五月之禾，必无效矣。今之言政治、言教育者，殆此类也。

二

今日教育行政上之官，非不备也；大中小学校之名目，非不具也。苟但以教育为名，则吾不知。如欲养成国民之资格，增进国民之知识，以与列国角逐，则天下之学校之不在当闭之列者盖寡，而关系教育人员之不在当淘汰之列者，盖无几矣！

三

今有人，籽种未下，而延人食其秋之实；牛羊未宰，而约人享其子之肉，未有不笑其愚且妄者也。今未有学校之设备，而设劝学所，此亦前者之类也。

四

凡用人之要，一国之中，专任一职之人多，而坐论大局之人少，则一国之事鲜不举矣；一校之中，实行教授之人多，而名为管理之人少，则一校之成绩必可观矣。今日中学以上之监督、庶务、斋务等员（外国此项职员例以教员兼充），小学之堂长、董事等员（今日各地方小学殆无不有董事，而堂长亦鲜有以教员兼充者），犹苦其冗，而复继之以劝学总董、劝学员，是以冗员为未足而又益之也。

五

甚矣，行政之事牵一发而全身俱动也！今欲核定教育经费，非整理全国之财政不可；欲调查学龄儿童，非作全国人口之统计不可。此系度支部、民政部、学部公共之事业。苟财政之预算未定，警察之制度未备，而欲冀教育之普及，虽圣贤豪杰，亦唯有束手坐困而已。

六

既限制留学，则国内之高等教育不可不兴。既设劝学所，则初等教育之设备不可不亟。而初等教育之设备，其事关于财政、户口上之大问题，较之高等教育，尤为繁赜。故限制留学之令不必反汗，而劝学所之设，自不可不缓之数年之后也。

七

欲兴高等教育，则其教员必聘诸外国矣。今有人欲建一大工厂，则其机器、锅炉必购诸外国，未有用旧日之器械者也。苟我国自有适用之器械、合格之教员，岂不甚善？其如今日之绝无，何而言者谈及用外人，辄以为惧？

夫以不习重学、汽学之人而管理机器，则汽炉必有爆裂之患。以不能用人之人而统率外人，则外人之不能用，固其所也；以不能用外人之故，而诋外人为不足用，亦犹不明重学之理而毁机器也。

八

今日上所恃以为奔走天下之具者，高官耳，厚禄耳，其上者则知用礼貌矣。善用人者，固不能不用爵禄与礼貌，然其要尤在能尽其用。夫人之有一长者，未有不自知者也。使上亦能知之，而能尽之，则知己之感，固有视爵禄、礼貌为重者。此郭子仪所以能以奴隶役浑瑊，而海兰察所以甘受阿桂之怒骂者也。用中人然，用外人亦然。夫彼苟能为我用，则安有揽权、旷职之弊，如人人所惧者哉？若以今日之用人者当之，岂徒外人，虽本国人亦乌见其必能用也？

九

吾人所悲者，岂独今日专门之教师不能悉求之本国哉；即此寥寥用人之人，而亦不可多得，则天下人才之消乏何如矣？夫能用人者，必其人之学识等于所用之人，而又有虚心实力之美德。即不然，亦必明白事理，而又素有德望者，然后人敬服之。若此寥寥数十人，而亦不得其人，则佥所主张高等教育之计划，亦终于失败矣。

十

专门学教师之非外人所能胜任者，其他日之文科大学乎？其中之授外国哲学、外国文学者，固聘诸他国而有余。至欲求经学、国史、国文学之教师，则遗老尽矣。其存者，或笃老，或病废，故致之不易；就使能致，或学问虽博而无一贯之系统，或迂疏自是而不屑受后进之指挥，不过如商彝周鼎，借饰观瞻而已。故今后之文科大学，苟经学、国文学等无合格之教授，则宁虚其讲座，以俟生徒自己之研究，而专授以外国哲学、文学之大旨，既通外国之哲学、文学，则其研究本国之学术，必有愈于当日之耆宿者矣。故真正之经学、国史、国文学之专门家，不能不望诸此辈之生徒，而非今日之所能得也。

教育小言十二则

一

学部之职，各国所谓伴食大臣也。今朝廷立学部，而以亲贤之枢臣领之，上之视学部如是其重也，学部之足以有为，如是其易也。学部立二月矣，而不闻发一号施一令，部臣之于学事如是其慎也。处甚重之地，乘易为之势，而又临之以谨慎，其有所为也，则世之所以颂祷学部者，当如何？其无所为也，则世之责备之者，又当如何矣？

二

今人日日言初等教育，至中等教育则往往谢不敏，若进而主张高等及专门教育，未有不惊其河汉者也！夫以学生修学之次序言之，则先初等、中等，而后及高等教育，固甚当也。若论学问之根柢与教师之所自出，则初等教育之根柢存于中等教育，中等教育之根柢存于高等教育，不兴高等教育，则中等及初等教育亦均无下手之处。世人之主义，余曩者谓之平凡主义，既而思之，此名尚未适当，彼等实苟且主义也、颠倒主义也，曰师范传习所、曰私塾改良会，尤苟且主义中之苟且者也。

三

吾国之所素乏及现在之所最需要者，高等及中等教育也。若夫初等教育，则夫城市村落之蒙塾，虽其鲁莽灭裂实甚，然仅可谓之不完全，未可谓之绝无也。至高等教育，则在今日谓之无也，可矣。今之君子动曰小学、小学，然不兴中等教育，则小学之教师其能贤于昔之蒙塾者几何？不兴高等教育，则中学之教师又安从得乎？兴高等教育，则食其利者不独初等及中等教育，而二者实于是立其根柢。若但言初等小学，则虽平凡乎、苟且乎，恐平凡苟且之成绩，亦终不可得也。

四

吾人之主义谓之贵族主义，但所谓贵族主义者，非政治上之贵族主义，而智力上之贵族主义也。夫人类智力之不齐，此彰明较著之事实，无可讳也。初等教育以普及全国为宗旨，故虽下愚之人，亦有受教育之权利，而国家亦有教育之义务。初等教育之所以为最难之事业者，其故半由于此也。若高等教育，其性质则全与此异。今举我全国中学生而行选拔试验，集其智力之优胜及稍有普通学及外国文之知识者约可得数千人，然后与以一二年严密之预备，而授以专门之学，吾知其成绩较之外国之蹈小学、中学之次序而按格而入大学者，必有优无劣也。以今日人才之取乏如彼，而国家待用之亟如此，则育才之方法未有适于此者也。故贵族主义，今日最适之主义也，况其余润所及又足以立中学、小学之根柢乎！

五

难者曰，如子之说，则今之小学、中学既无教师矣，则高等教育之教师又乌乎取之？曰：此非用外人不可。夫外人者，当事者之所患也，患其侵教育权也，患其不得其人也，患得其人而不为用也。夫用舍之权在我，则权何自而侵？至后二者，唯监督者之不得其人，斯有之耳。然以观今日监督学堂之人，则其于本国人未必能用之，况外人乎！以监督者之不得其宜，而谓外人之不可用，则未免因噎而废食也。

六

高等教育既兴，则外国留学可废。以后海外留学生限于分科大学卒业生中选之，以研究学术之阃奥。全国官费生以百余人为额，私费者听之。其大学中未设立之科，则亦得委托外国大学教授，以后分科大学之教师渐以大学卒业后之留学生及学力与之相等者代之。如此十年，则分科大学中除授外国语学外，可无以外国人而担任讲座者矣。此永久之策也。

七

留学生之数之多，如我中国之今日，实古今中外之所未闻也。通东西洋之留学生数不下万人，每人平均岁以五百元计，则岁需五百万元，以此五百万元兴国中之高等教育，不虞其不足。即令稍有不足，其受教育之人数必倍于今日之留学生之数无疑也。且留学生之大半所学者，速成政法耳，速成师范耳。以不谙外国语之人，涉数千里之外学至粗浅之学而令东京之私立学校得因之以为市，此日本文部省限制私立学校令之所以发也。而我国留学生之大半起而争之，曰停课，曰归国，其问题悬至今日而未有所决，此足以窥留学生多数之知识，而昔之勇于派遣者亦不得不分任其责也。既派遣者已无可如何，后之谋教育者不可不知所变计矣。

八

异哉，我国绅士之势力竟如此其大乎！吾非谓绅士之不可有势力也，以绅士之不知教育之无异于官也，则不能不惊其势力之大矣。夫教育之事，以明教育者为之，则可耳，官可也，绅亦可也。苟一为绅士而即可以任教育之事，吾不能知绅之有以异于官否也。以今日之某省学会之所陈议观之，余始知绅士之为万能之人也。

九

世之勇于任教育者，有四途：有以为公益者焉，有以为势力者焉，有以为名高者焉，有以为实利者焉。为公益而为之者，圣贤也。为势力而为之者，豪杰也。为名与利而为之者，小人也。圣贤不可得，得豪杰而用之，斯可矣。若夫小人，则以教育为一手段，而不以为目的，虽深明教育之人，犹不可用，况乎以群盲而聚讼乎！

十

去岁之冬，我中国学界最多事之时代也。于东京，则有留学生多数之停课，于南京，则有苏学生与赣、皖学生之争额，于苏州，则有苏、松太学生与常、镇、淮、扬、徐、海学生之争。东京之事，既如上文所论矣，南京之事所争者，犹省界也，苏州之事，则浸而及府界、县界矣。曾谓我国最有望、最可爱之学生，而量如是狭隘乎！人类同胞之思想在今日固有所不可行，至于中国人之思想，则凡书左行字而说单独语者，当无不有之，乃以我国最有望、最可爱之学生而所争者如此。此不能不为教育前途惜者也。

十一

管理学堂者湘人，则湘籍之学生居其半额矣。若为闽人、浙人，则闽若浙籍之学生居其半额矣。管理学堂者，以同乡之谊取学生，学生以同乡之力抵抗之，十七省非同乡会之独摈苏人，则亦同乡会之一种也。故我中国，无中国人也，有湘人、浙人、苏人，而已。人初相见，必问贵省，省乎、府乎、县乎？此种陋劣根性，其根柢远存于千百年以前，欲一旦扫除而廓清之，吾知其难也，是在有教育之责者，有以渐而化之矣。

十二

以中国之大、当事及学者之众、教育之事之亟，而无一人深究教育学理及教育行政者，是可异已。以余之不知教育且不好之也，乃不得不作教育上之论文及教育上之批评，其可悲为如何矣，使教育上之事，余辈可以无言，即欲有言而有人代为言之也，则岂独我中国教育之幸哉，亦余个人之私幸也！

教育小言十三则

一

今有一厂主，集群职工而谕之曰：汝等各勤汝职，数年后，余将使汝治会计，事少而偿多，足以剂汝今日之劳矣。汝等虽不娴，余不汝责也。群职工大喜，日夜以希主人之所以许之者，事益不治。呜呼！如斯厂者，为职工计，诚得矣；其如一厂之资本何？余以为，今之以官爵奖励人才者，实无以异于此也。

二

今之世界，分业之世界也。一切学问、一切职事，无往而不需特别之技能、特别之教育，一习其事，终身以之。治一学者之不能使治他学，任一职者之不能使任他职，犹金工之不能使为木工，矢人之不能使为函人也。

三

今之用人行政者，则殊异乎是。夫天下之事至繁赜也，所需之人才至纷沓也，而上所以驭之者至简；始则以"洋服"二字括之，继则以"新学"或"新政"二字括之。其所以奔走之者尤简，则以"官"之一字括之。

四

夫治官之事而以官奔走之，犹可言也，然必须所与之官与其所治之事相合，然后在上者能收其用，而在下者能尽其职。今则不然，师范生服务期满，则与以官矣；高等教育之卒业者，亦与以官矣。

五

夫官之名，至广莫也；种类，至复杂也。以能任一事之才，而与以至广漠之名，使之他日治不可知之事，比之厂主之使职工治会计者，其智之相越，盖不远矣。

六

且官之为物，兼劳动与报酬二义。其所受之报酬，即所以偿其同时之劳动，非可以为奖励之具也。如以是为奖励，则人之得之者，必但注意于报酬之一面，而忘其劳动之一面，不然，则奖励之谓何矣？且师范生服务期限止于五年，以五年之劳动而于相当之报酬外，又得终身之报酬，为劳动者计则得矣，上之所以报之者，独不虑有所不给乎？

七

吾国下等社会之嗜好，集中于"利"之一字；上中社会之嗜好，亦集中于此。而以"官"为"利"之代表故，又集中于"官"之一字。夫欲以一二人之力，拂社会全体之嗜好，以成一事，吾知其难也。知拂之之不可，而忘夫奖励之之尤不可，此谓能见秋毫之末，而不能见泰山者矣。

八

教育者，神圣之事业也。日本之不以教员待教员，而以官待教员，吾人之素所不喜也。然以今日我国上下之趋势观之，则知彼国之以教员为一官职，而即于其中迁转者，真可谓斟酌于教育之独立与社会人心之趋向之间，而得其平者矣。

九

夫教员、医生、政治家、法律家、工学家之学，固职业的学问也。对此等学问家，而以其职业上相当之官与之，则上得以收其用，而下得以尽其长，固非徒奖励之为而已。但美其名曰"奖励"，曰"报酬"，而浑其报酬之之物曰"官"，则于用人之目的已失，而其手段又误，如上文之所批评，其理固人人之所易解也。以职业的学问而犹若是，况于非职业的学问乎？

十

非职业的学问何？科学、哲学、文学、美术四者是已。治职业者，苟心乎职业外之某物（官），则已不能平心于其职，况乎对非职业的学问家，而与以某种之职业（官）乎？故以官奖励职业，是旷废职业也；以官奖励学问，是剿灭学问也。今以官与服务期满之师范生，非所谓以官奖励职业者乎？以官之媒介之举人进士予卒业生，非所谓以官奖励学问者乎？上之所以奖励之者如此，无怪举天下不知有职业学问，而唯官之是知也！

十一

日本当明治七年间，日人谓其大学校曰"官吏制造所"。试问我国之制造官吏者，独一大学而已乎？以大学为未足，而又制造之于优级、初级师范学校矣；以国内为未足，而又制造之于国外矣。

十二

今之人士之大半，殆舍官以外无他好焉。其表面之嗜好，集中于官之一途，而其里面之意义，则今日道德、学问、实业等皆无价值之证据也。夫至道德、学问、实业等皆无价值，而唯官有价值，则国势之危险何如矣！社会之趋势既已如此，就令政府以全力补救之，犹恐不及，况复益其薪而推其波乎？

十三

故为今日计，政府不可不执消极及积极之二方法。消极之法，则不以官为奖励之具是已；积极之法，则必使道德、学问、实业等有独立之价值，然后足以旋转社会之趋势。然用第二方法而一不慎，则世且有以道德、学问、实业为手段而求官者。失之毫厘，差以千里。此又不可不注意也。

文 学 小 言

一

昔司马迁推本汉武时学术之盛，以为利禄之途使然。余谓一切学问皆能以利禄劝，独哲学与文学不然。何则？科学之事业，皆直接间接以厚生利用为旨，古故未有与政治及社会上之兴味相刺谬者也。至一新世界观与新人生观出，则往往与政治及社会上之兴味不能相容。若哲学家而以政治及社会之兴味为兴味，而不顾真理之如何，则又决然非真正之哲学。此欧洲中世哲学之以辩护宗教为务者，所以蒙极大之耻辱，而叔本华所以痛斥德意志大学之哲学者也。文学亦然；餔餟的文学，决非真正之文学也。

二

文学者，游戏的事业也。人之势力用于生存竞争而有余，于是发而为游戏。婉娈之儿，有父母以衣食之，以卵翼之，无所谓争存之事也。其势力无所发泄，于是作种种之游戏。逮争存之事亟，而游戏之道息矣。唯精神上之势力独优，而又不必以生事为急者，然后终身得保其游戏之性质。而成人以后，又不能以小儿之游戏为满足，于是对其自己之情感及所观察之事物而摹写之，咏叹之，以发泄所储蓄之势力。故民族文化之发达，非达一定之程度，则不能有文学；而个人之汲汲于争存者，决无文学家之资格也。

三

人亦有言，名者利之宾也。故文绣的文学之不足为真文学也，与餔啜的文学同。古代文学之所以有不朽之价值者，岂不以无名之见者存乎？至文学之名起，于是有因之以为名者，而真正文学乃复托于不重于世之文体以自现。逮此体流行之后，则又为虚玄矣。故模仿之文学，是文绣的文学与餔啜的文学之记号也。

四

文学中有二原质焉：曰景，曰情。前者以描写自然及人生之事实为主，后者则吾人对此种事实之精神的态度也。故前者客观的，后者主观的也；前者知识的，后者感情的也。自一方面言之，则必吾人之胸中洞然无物，而后其观物也深，而其体物也切；即客观的知识，实与主观的情感为反比例。自他方面言之，则激烈之感情，亦得为直观之对象、文学之材料；而观物与其描写之也，亦有无限之快乐伴之。要之，文学者，不外知识与感情交代之结果而已。苟无锐敏之知识与深邃之感情者，不足与于文学之事。此其所以但为天才游戏之事业，而不能以他道劝者也。

五

古今之成大事业大学问者，不可不历三种之阶级："昨夜西风凋碧树，独上高楼，望尽天涯路。"（晏同叔《蝶恋花》）此第一阶级也。"衣带渐宽终不悔，为伊消得人憔悴。"（欧阳永叔《蝶恋花》）此第二阶级也。"众里寻他千百度，蓦然回首，那人却在灯火阑珊处。"（辛幼安《青玉案》）此第三阶级也。未有未阅第一、第二阶级，而能遽跻第三阶级者。文学亦然。此有文学上之天才者，所以又需莫大之修养也。

六

三代以下之诗人，无过于屈子、渊明、子美、子瞻者。此四子者苟无文学之天才，其人格亦自足千古。故无高尚伟大之人格，而有高尚伟大之文学者，殆未之有也。

七

天才者，或数十年而一出，或数百年而一出，而又须济之以学问，帅之以德性，始能产真正之大文学。此屈子、渊明、子美、子瞻等所以旷世而不一遇也。

八

"燕燕于飞，差池其羽。""燕燕于飞，颉之颃之。""睍睆黄鸟，载好其音。""昔我往矣，杨柳依依。"诗人体物之妙，侔于造化，然皆出于离人孽子征夫之口，故知感情真者，其观物亦真。

九

"驾彼四牡，四牡项领。我瞻四方，蹙蹙靡所骋。"以《离骚》《远游》数千言言之而不足者，独以十七字尽之，岂不诡哉！然以讥屈子之文胜，则亦非知言者也。

十

屈子感自己之感，言自己之言者也。宋玉、景差感屈子之所感，而言其所言；然亲见屈子之境遇，与屈子之人格，故其所言，亦殆与自己之言无异。贾谊、刘向其遇略与屈子同，而才则逊矣。王叔师以下，但袭其貌而无真情以济之。此后人之所以不复为楚人之词者也。

十一

屈子之后，文学上之雄者，渊明其尤也。韦、柳之视渊明，其如贾、刘之视屈子乎！彼感他人之所感，而言他人之所言，宜其不如李、杜也。

十二

宋以后之能感自己之感，言自己之言者，其唯东坡乎？山谷可谓能言其言矣，未可谓能感所感也。遗山以下亦然。若国朝之新城，岂徒言一人之言已哉？所谓"莺偷百鸟声"者也。

十三

诗至唐中叶以后，殆为羔雁之具矣。故五季、北宋之诗，（除一二大家外）无可观者，而词则独为其全盛时代。其诗词兼擅如永叔、少游者，皆诗不如词远甚。以其写之于诗者，不若写之于词者之真也。至南宋以后，词亦为羔雁之具，而词亦替矣（除稼轩一人外）。观此足以知文学盛衰之故矣。

十 四

上之所论，皆就抒情的文学言之(《离骚》、诗词皆是)。至叙事的文学(谓叙事诗、诗史、戏曲等，非谓散文也)，则我国尚在幼稚之时代。元人杂剧，辞则美矣，然不知描写人格为何事。至国朝之《桃花扇》，则有人格矣，然他戏曲则殊不称是。要之，不过稍有系统之词，而并失词之性质者也。以东方古文学之国，而最高之文学无一足以与西欧匹者，此则后此文学家之责矣。

十 五

抒情之诗，不待专门之诗人而后能之也。若夫叙事，则其所需之时日长，而其所取之材料富，非天才而又有暇日者不能。此诗家之数之所以不可更仆数，而叙事文学家殆不能及百分之一也。

十 六

《三国演义》无纯文学之资格，然其叙关壮缪之释曹操，则非大文学家不办。《水浒传》之写鲁智深，《桃花扇》之写柳敬亭、苏昆生，彼其所为，固毫无意义。然以其不顾一己之利害，故犹使吾人生无限之兴味，发无限之尊敬，况于观壮缪之矫矫者乎？若此者，岂真如汗德所云，实践理性为宇宙人生之根本欤？抑与现在利己之世界相比较，而益使吾人兴无涯之感也？则选择戏曲小说之题目者，亦可以知所去取矣。

十 七

吾人谓戏曲小说家为专门之诗人，非谓其以文学为职业也。以文学为职业，餔啜的文学也。职业的文学家，以文学为生活；专门之文学家，为文学而生活。今餔啜的文学之途，盖已开矣。吾宁闻征夫思妇之声，而不屑使此等文学嚣然污吾耳也。

致 罗 振 玉

　　又有一卷雪景，树仿郭河阳，山石仿范中立，气象甚大，未有"千里伯驹"四字隶书款（款亦佳）。乍观之似马、夏一派，用笔甚粗而实有细处。向所传千里画皆金碧细皴，唯此独粗，盖内画近景与远景之不同，此恐千里真本。不观此画，不能知马、夏渊源（唯绢甚破碎）。乙甚赏此画，又甚以鄙言为然，谓得后乞跋之。……恐北宋流别中当以此为压卷（图中人物面皆敷朱）也。《雪山朝霁图》乃画灞桥风雪（开元中人未必画孟浩然事），恐在中唐以后，未必出扬昇手；此画实于右丞、北苑之间得一脉络。原本赋色否？

（一九一六年五月七日）

　　前函言杨昇《雪山朝霁图》，写灞桥风雪意，此语大误。灞桥系平原大道，虽可望见南山，地势不得如此收缩。既非写孟浩然事，则疑其不出杨昇者误也。僧繇、探微不可得见，观其画知唐山画法已自精能，（大小李虽不可见，当与赵千里辈不甚相远。唯树法犹存汉魏六朝遗意。）右丞独不拘于形似而专写物意，故为南宗第一祖。杨画实为由张、陆辈至右丞之过渡，其可贵不在《江山雪霁》下也。

（一九一六年五月八、九、十日）

　　今晨往谈，渠（沈乙庵）出一《杨妃出浴图》见示，笔墨极静穆，无痕迹。行笔极细，稍着色，而面目已娟秀，不似唐人之丰艳。渠谓早则北宋人，迟则元、明摹本（此画渠已购得）。殆近之。

（一九一六年五月十七日）

索乙老书扇。为书近作四律索和，三日间仅能交卷，而苦无精思名句。即乙老诗亦晦涩难解，不如前此诸章也。

（一九一六年八月三十日）

景叔以五十元得一唐六如小卷（实横幅），纸本，极干净，无款，但有"庸居士印"四字，朱字牙章。其画石学李晞古笔意，颇极秀逸，如系伪品，恐亦须石谷辈乃能为此。

（一九一六年九月四日）

《高昌壁画》及《石鼓考释》今晨待送乙老（沈乙庵），渠谓此事可得数旬探索，维即请其以笔记之，不知此老能细书否耳。维疑前十二图确为六朝人画，至十三图以后有回纥字者当出唐人，因前画均无笔墨可寻，而第十三图以后则笔意生动，新旧分界当在于此。

（一九一六年九月九日）

过程冰泉……出示诸画。有巨然二幅，大而短，乃元、明间人所为（并非高手）。唯竹一大幅大佳，其竹乃渲染而成，有竹处无墨，而以淡墨为地，此法极奇；当中竹三四竿气象雄伟，一竿竹旁倒书"此竹值黄金百两"篆书二行。冰泉谓人言宋人画录中记此事，此极荒唐，唯此画尚是宋人笔墨。

（一九一六年十月三日）

昨日赴哈园，书画展览会所陈列者，廉泉之物为多。有一山水立幅，官子行题为荆浩，傅以赭绛，气势浑沦，略似北苑。山皴皆大披麻，悬泉两道与松树云气，画法全同北苑，唯下幅近处山石问用方折，有似荆法。此画当出董、巨以后，然不失为名迹也。

（一九一六 年十月十一日）

巨师画，乙老前言前半似河阳，维已疑董、巨同出右丞，巨公当有此种笔法。……维于观明以后画无丝毫把握，唯于董、巨或能知之；且如此大卷，必有惊心动魄之处，以"气象""墨法"二者决之，可无误也。

（一九一六年十一月一日）

昨为看巨师画预备一切，因悟北苑《群峰霁雪》卷多作蟹爪树，乃与河阳同出右丞。巨然出北苑而变为柔细，则似河阳固其宜也。唯气魄必有异人处，如公之河阳《秋山行旅》卷气象已极不同，何况巨公？

（一九一六年十一月六日）

巨然卷，末题"钟陵寺僧巨然"六字，略似明人学钟太傅书者，似系后加。卷长二丈有余，不及三丈，前云五丈者，传闻之误也。全卷石法树法全从北苑出，树根用北苑法，石有作短笔麻皴者（因画江景故）。虽不辟塞而丘壑特奇（官室亦用董、巨法，前半仍是巨法，不似河阳。山石阴阳分晓，有宋人意，或当时已有此风亦未可知），温润处不如《唐人诗意》卷，气魄亦逊。窃谓此卷若以画法求之，则笔笔皆是董、巨，唯于真气惊人之处则比《秋山行旅》《群峰霁雪》《云壑飞泉》诸图皆有逊色，用墨有极黑处，当是宋人摹本，未敢遽定为真。

（一九一六年十一月六日）

今晨又将董、巨诸画景印本展阅一过，觉昨所观《江山秋霁》卷为宋人摹本无疑。其石法树法皆有渊源，唯于元气浑沦之点不及诸图远甚，用笔清润处亦觉不如。卷中高石皴法与《雪霁图》略同；矮石作短笔麻皴，求之董、巨诸图，均所未见：似合洪谷、北苑为一家者，都不如诸立幅作大披麻皴及大雨点皴也。

（一九一六年十一月七日、八日）

黄氏巨师画卷，维前所以谓为宋摹者，即以其深厚博大之处与真迹迥异，若论画法，则笔笔是董、巨，无可訾议，与公前后各书所论略同。顾雀逸所藏即《万壑图》，得公书乃恍然。窃意北苑画法备于《溪山行旅》《群峰霁雪》二图；《万壑松风》与未见之《潇湘图》，一大一细，当另是一种笔墨，其真实本领，实于前二图见之。巨然《唐人诗意》立幅虽无确据，然非董非米，舍巨师其谁为之？其中房屋小景，用笔温润浑厚，与《溪山行旅》异曲同工。黄氏卷唯有法度尚存，气象神味皆不如诸幅远矣。海内董、巨，恐遂止此数，不知陕右一卷何如耳。

（一九一六年十一月十五日）

十二件内之王元章梅花虽系乙老推荐，而实未见此画。维见此画有气魄而不俗，又题款数行小楷极似公所藏王叔明《柳桥渔艇》卷后元章跋（俱王卷跋兼有柳法）。而此款字较小，全作小欧体，冬心平生多学此种（画心又极干净）。此幅若真，则尚算精品，唯究不知何如？亟待公观后一印证也。

（一九一六年十一月二十五日）

为乙老写去年诗稿共十八页，二日半而成。其中大有杰作，一为王聘三方伯作《鬻医篇》，一为《陶然亭诗》，而去年还嘉兴诸诗议论尤佳。其《卫大夫宏演墓诗》云："亡虏幸偷生，有言皆粪土。"今日往谈，称此句，乙云："非见今日事，不能为此语。"

（一九一六年十二月二十八日）

今日晴始出，过冰泉，已自粤归，携得北苑一卷、一幅。卷未见，立幅佳甚。幅不甚阔，系画近景，上山作粗点大笔披麻皴，并有矾头，下作四五枯树及泉水，并有小草，境界全在公所藏诸幅之外。幅上诗斗有［香］（真）光题字，略云仿李思训者。画上又有纯皇题诗一首，乃内府流出在孔氏岳雪楼者，此可谓剧迹（此幅绢极细而色较白）。其一卷盖已出外，索观不得。又一石谷临巨然《烟浮远岫》立幅，气魄雄厚，局势开张，用粗点大彼麻皴，全得家法，尚想见原本神观（与《唐人诗意》幅不同，而与《万壑图》相近）。

（一九一七年一月五日）

　　十七日过冰泉处，始见北苑《山居图》卷，令人惊心动魄。此卷与小幅，在公藏器几可与《溪山行旅》《群峰霁雪》抗衡。因绢素干净，故精神愈觉焕发。观《山居》卷，知香光得力全在此种。

（一九一七年一月十三日）

屈子文学之精神

　　我国春秋以前，道德政治上之思想，可分之为二派：一帝王派，一非帝王派。前者称道尧、舜、禹、汤、文、武，后者则称其学出于上古之隐君子（如庄周所称广成子之类），或托之于上古之帝王。前者近古学派，后者远古学派也；前者贵族派，后者平民派也；前者入世派，后者遁世派（非真遁世派，知其主义之终不能行于世而遁焉者也）也；前者热情派，后者冷性派也；前者国家派，后者个人派也；前者大成于孔子、墨子，而后者大成于老子。（老子，楚人，在孔子后，与孔子问礼之老聃系二人，说见汪容甫《述学·老子考》）故前者北方派，后者南方派。此二派者，其主义常相反对，而不能相调和。观孔子与接舆、长沮、桀溺、荷·丈人之关系，可知之矣。战国后之诸学派，无不直接出于此二派，或出于混合此二派。故虽谓吾国固有之思想，不外此二者，可也。

　　夫然，故吾国之文学，亦不外发表二种之思想。然南方学派则仅有散文的文学，如《老子》《庄》《列》是已。至诗歌的文学，则为北方学派之所专有。《诗》三百篇，大抵表北方学派之思想者也。虽其中如《考槃》《衡门》等篇，略近南方之思想，然北方学者所谓"用之则行，舍之则藏""有道则见，无道则隐"者，亦岂有异于是哉？故此等谓之南北公共之思想则可，必非南方思想之特质也。然则诗歌的文学，所以独出于北方之学派者，又何故乎？

诗歌者，描写人生者也（用德国大诗人希尔列尔之定义）。此定义未免太狭。今更广之曰"描写自然及人生"，可乎？然人类之兴味，实先人生，而后自然。故纯粹之模山范水，流连光景之作，自建安以前，殆未之见；而诗歌之题目，皆以描写自己之感情为主。其写景物也，亦必以自己深邃之感情为之素地，而始得于特别之境遇中，用特别之眼观之。故古代之诗，所描写者，特人生之主观的方面；而对于人生之客观的方面，及纯处于客观界之自然，断不能以全力注之也。故对古代之诗，前之定义，宁苦其广，而不苦其隘也。

诗之为道，既以描写人生为事，而人生者，非孤立之生活，而在家族、国家及社会中之生活也。北方派之理想，置于当日之社会中；南方派之理想，则树于当日之社会外。易言以明之；北方派之理想，在改作旧社会；南方派之理想，在创造新社会。然改作与创作，皆当日社会之所不许也。南方之人，以长于思辨，而短于实行，故知实践之不可能，而即于其理想中求其安慰之地，故有遁世无闷、嚣然自得以没齿者矣。若北方之人，则往往以坚忍之志，强毅之气，持其改作之理想，以与当日之社会争；而社会之仇视之也，亦与其仇视南方学者无异，或有甚焉。故彼之视社会也，一时以为寇，一时以为亲，如此循环，而遂生欧穆亚 (Humour) 之人生观。《小雅》中之杰作，皆此种竞争之产物也。且北方之人，不为离世绝俗之举，而日周旋于君臣父子夫妇之间，此等在在畀以诗歌之题目，与以作诗之动机。此诗歌的文学，所以独产于北方学派中，而无与于南方学派者也。

然南方文学中，又非无诗歌的原质也。南人想象力之伟大丰富，胜于北人远甚。彼等巧于比类，而善于滑稽，故言大则有若北溟之鱼，语小则有若蜗角之国；语久则大椿冥灵，语短则蟪蛄朝菌；至于襄城之野，七圣皆迷；汾水之阳，四子独往；此种想象，决不能于北方文学中发现之。故庄、列书中之某部分，即谓之散文诗，无不可也。夫儿童想象力之活泼，此人人公认之事实也。国民文化发达之初期亦然。古代印度及希腊之壮丽之神话，皆此等想象之产物也。以中国论，则南方之文化发达较后于北方，则南人之富于想象，亦自然之势也。此南方文学中之诗歌的特质所以优于北方文学者也。

由此观之，北方人之感情，诗歌的也，以不得想象之助，故其所作遂止于小篇。南方人之想象，亦诗歌的也，以无深邃之感情之后援，故其想象亦散漫而无所丽，是以无纯粹之诗歌。而大诗歌之出，必须俟北方人之感情，与南方之想象合而为一，即必通南北之驿骑而后可，斯即屈子其人也。

屈子南人而学北方之学者也。南方学派之思想，本与当时封建贵族之制度不能相容，故虽南方之贵族，亦当奉北方之思想焉。观屈子之文，可以征之。其所称之圣王，则有若高辛、尧、舜、汤、少康、武丁、文、武，贤人则有若皋陶、挚说、彭、咸（谓彭祖、巫咸，商之贤臣也，与"巫咸时夕降兮"之巫咸，自是二人，《列子》所谓"郑有神巫，名季咸"者也）、比干、伯夷、吕望、宁戚、百里、介推，子胥、暴君则有若夏启、羿、浞、桀、纣，皆北方学者之所常称道，而于南方学者所称黄帝、广成等不一及焉。虽《远游》一篇，似专述南方之思想，然此实屈子愤激之词，如孔子之居夷浮海，非其志也。《离骚》之卒章，其旨亦与《远游》同。然卒曰："陟升皇之赫戏兮，忽临睨夫旧乡。仆夫悲余马怀兮，蜷局顾而不行。"《九章》中之《怀沙》，乃其绝笔，然犹称重华、汤、禹，足知屈子固彻头彻尾抱北方之思想，虽欲为南方之学者，而终有所不慊者也。

屈子之自赞曰"廉贞"。余谓屈子之性格，此二字尽之矣。其廉固南方学者之所优为，其贞则其所不屑为，亦不能为者也。女嬃之詈，巫咸之占，渔父之歌，皆代表南方学者之思想，然皆不足以动屈子。而知屈子者，唯詹尹一人。盖屈子之于楚，亲则肺腑，尊则大夫，又尝管内政外交上之大事矣，其于国家既同累世之休戚，其于怀王又有一日之知遇，一疏再放，而终不能易其志，于是其性格与境遇相得，而使之成一种之欧穆亚。《离骚》以下诸作，实此欧穆亚所发表者也。使南方之学者处此，则贾谊（《吊屈原文》）、扬雄（《反离骚》）是，而屈子非矣。此屈子之文学，所负于北方学派者。

然就屈子文学之形式言之，则所负于南方学派者，抑又不少。彼之丰富之想象力，实与庄、列为近。《天问》《远游》凿空之谈，求女谬悠之语，庄语之不足，而继之以谐，于是思想之游戏，更为自由矣。变《三百篇》之体而为长句，变短什而为长篇，于是感情之发表，更为婉转矣。此皆古代北方文学之所未有，而其端自屈子开之。然所以驱使想象而成此大文学者，实由其北方之肫挚的性格。此庄周等之所以仅为哲学家，而周秦间之大诗人，不能不独数屈子也。

要之，诗歌者，感情的产物也。虽其中之想象的原质（即智力的原质），亦须有肫挚之感情，为之素地，而后此原质乃显。故诗歌者，实北方文学之产物，而非儇薄冷淡之夫所能托也。观后世之诗人，若渊明，若子美，无非受北方学派之影响者。岂独一屈子然哉！岂独一屈子然哉！

人 间 词 话

第一部分

一

词以境界为最上。有境界，则自成高格，自有名句。五代、北宋之词所以独绝者在此。

二

有造境，有写境，此"理想"与"写实"二派之所由分。然二者颇难分别，因大诗人所造之境必合乎自然，所写之境亦必邻于理想故也。

三

有有我之境，有无我之境。"泪眼问花花不语，乱红飞过秋千去""可堪孤馆闭春寒，杜鹃声里斜阳暮"，有我之境也。"采菊东篱下，悠然见南山""寒波澹澹起，白鸟悠悠下"，无我之境也。有我之境，以我观物，故物皆着我之色彩。无我之境，以物观物，故不知何者为我，何者为物。古人为词，写有我之境者为多，然未始不能写无我之境，此在豪杰之士能自树立耳。

四

无我之境，人唯于静中得之。有我之境，于由动之静时得之。故一优美，一宏壮也。

五

自然中之物，互相关系，互相限制。然其写之于文学及美术中也，必遗其关系、限制之处。故虽写实家亦理想家也。又虽如何虚构之境，其材料必求之于自然，而其构造亦必从自然之法律。故虽理想家亦写实家也。

六

境非独谓景物也，喜怒哀乐亦人心中之一境界。故能写真景物真感情者，谓之有境界；否则谓之无境界。

七

"红杏枝头春意闹"，著一"闹"字而境界全出；"云破月来花弄影"，著一"弄"字而境界全出矣。

八

境界有大小，不以是而分优劣。"细雨鱼儿出，微风燕子斜"，何遽不若"落日照大旗，马鸣风萧萧"？"宝帘闲挂小银钩"，何遽不若"雾失楼台，月迷津渡"也？

九

严沧浪《诗话》谓："盛唐诸公唯在兴趣，羚羊挂角，无迹可求。故其妙处，透彻玲珑，不可凑拍，如空中之音、相中之色、水中之影、镜中之像，言有尽而意无穷。"余谓北宋以前之词亦复如是。然沧浪所谓"兴趣"，阮亭所谓"神韵"，犹不过道其面目，不若鄙人拈出"境界"二字为探其本也。

十

太白纯以气象胜。"西风残照，汉家陵阙"，寥寥八字，遂关千古登临之口。后世唯范文正之《渔家傲》、夏英公之《喜迁莺》，差足继武，然气象已不逮矣。

十一

张皋文谓飞卿之词"深美闳约"，余谓此四字唯冯正中足以当之。刘融斋谓"飞卿精艳绝人"，差近之耳。

十二

"画屏金鹧鸪"，飞卿语也，其词品似之。"弦上黄莺语"，端己语也，其词品亦似之。正中词品，若欲于其词句中求之，则"和泪试严妆"，殆近之欤。

十三

南唐中主词"菡萏香销翠叶残，西风愁起绿波间"，大有众芳芜秽、美人迟暮之感。乃古今独赏其"细雨梦回鸡塞远，小楼吹彻玉笙寒"，故知解人正不易得。

十四

温飞卿之词，句秀也；韦端己之词，骨秀也；李重光之词，神秀也。

十五

词至李后主而眼界始大，感慨遂深，遂变伶工之词而为士大夫之词。周介存置诸温、韦之下，可谓颠倒黑白矣。"自是人生长恨水长东""流水落花春去也，天上人间"，《金荃》《浣花》能有此气象耶？

十六

词人者，不失其赤子之心者也。故生于深宫之中，长于妇人之手，是后主为人君所短处，亦即为词人所长处。

十七

客观之诗人不可不多阅世，阅世愈深则材料愈丰富、愈变化，《水浒传》《红楼梦》之作者是也。主观之诗人不必多阅世。阅世愈浅则性情愈真，李后主是也。

十八

尼采谓"一切文学，余爱以血书者"。后主之词，真所谓以"血书者"也。宋道君皇帝《燕山亭》词亦略似之。然道君不过自道身世之戚，后主则俨有释迦、基督担荷人类罪恶之意，其大小固不同矣。

十九

冯正中词虽不失五代风格，而堂庑特大，开北宋一代风气。与中、后二主词皆在《花间》范围之外，宜《花间集》中不登其只字也。

二十

正中词除《鹊踏枝》《菩萨蛮》十数阕最煊赫外，如《醉花间》之"高树鹊衔巢，斜月明寒草"，余谓韦苏州之"流萤渡高阁"，孟襄阳之"疏雨滴梧桐"，不能过也。

二十一

欧九《浣溪沙》词"绿杨楼外出秋千"，晁补之谓只一"出"字，便后人所不能道。余谓此本于正中《上行杯》词"柳外秋千出画墙"，但欧语尤工耳。

二十二

梅圣俞《苏幕遮》词："落尽梨花春事了。满地斜阳，翠色和烟老。"刘融斋谓少游一生似专学此种。余谓冯正中《玉楼春》词："芳菲次第长相续，自是情多无处足。尊前百计得春归，莫为伤春眉黛促。"永叔一生似专学此种。

二十三

人知和靖《点绛唇》、圣俞《苏幕遮》、永叔《少年游》三阕为咏春草绝调，不知先有正中"细雨湿流光"五字，皆能摄春草之魂者也。

二十四

《诗·蒹葭》一篇最得风人深致。晏同叔之"昨夜西风凋碧树，独上高楼，望尽天涯路"意颇近之。但一洒落，一悲壮耳。

二十五

"我瞻四方，蹙蹙靡所骋"，诗人之忧生也。"昨夜西风凋碧树，独上高楼，望尽天涯路"似之。"终日驰车走，不见所问津"，诗人之忧世也。"百草千花寒食路，香车系在谁家树"似之。

二十六

古今之成大事业、大学问者，必经过三种之境界，"昨夜西风凋碧树，独上高楼，望尽天涯路"，此第一境也。"衣带渐宽终不悔，为伊消得人憔悴"，此第二境也。"众里寻他千百度，蓦然回首，那人却在灯火阑珊处"，此第三境也。此等语皆非大词人不能道。然遽以此意解释诸词，恐晏、欧诸公所不许也。

二十七

永叔"人间自是有情痴，此恨不关风与月""直须看尽洛城花，始与东风容易别"，于豪放之中有沉着之致，所以尤高。

二十八

冯梦华《宋六十一家词选·序例》谓："淮海、小山，古之伤心人也。其淡语皆有味，浅语皆有致。"余谓此唯淮海足以当之。小山矜贵有余，但可方驾子野、方回，未足抗衡淮海也。

二十九

少游词境最凄婉。至"可堪孤馆闭春寒，杜鹃声里斜阳暮"，则变而凄厉矣。东坡赏其后二语，尤为皮相。

三十

"风雨如晦，鸡鸣不已""山峻高以蔽日兮，下幽晦以多雨。霰雪纷其无垠兮，云霏霏而承宇""树树皆秋色，山山尽落晖""可堪孤馆闭春寒，杜鹃声里斜阳暮"，气象皆相似。

三十一

昭明太子称陶渊明诗"跌宕昭彰，独超众类，抑扬爽朗，莫之与京"。王无功称薛收赋"韵趣高奇，词义晦远，嵯峨萧瑟，真不可言"。词中惜少此二种气象，前者唯东坡，后者唯白石，略得一二耳。

三十二

词之雅、郑，在神不在貌。永叔、少游虽作艳语，终有品格。方之美成，便有淑女与娼妓之别。

三十三

美成深远之致不及欧、秦，唯言情体物，穷极工巧，故不失为第一流之作者。但恨创调之才多，创意之才少耳。

三十四

词忌用替代字。美成《解语花》之"桂华流瓦"，境界极妙。惜以"桂华"二字代"月"耳。梦窗以下，则用代字更多。其所以然者，非意不足，则语不妙也。盖意足则不暇代，语妙则不必代。此少游之"小楼连苑，绣毂雕鞍"所以为东坡所讥也。

三十五

沈伯时《乐府指迷》云："说桃不可直说破，'桃'，须用'红雨'、'刘郎'等字；说柳不可直说破'柳'，须用'章台''灞岸'等字。"若唯恐人不用代字者。果以是为工，则古今类书具在，又安用词为耶？宜其为《提要》所讥也。

三十六

美成《清玉案》词："叶上初阳乾宿雨，水面轻圆，一一风荷举。"此真能得荷之神理者。觉白石《念奴娇》《惜红衣》二词犹有隔雾看花之恨。

三十七

东坡《水龙吟·咏杨花》，和韵而似元唱；章质夫词，原唱而似和韵。才之不可强也如是！

三十八

咏物之词，自以东坡《水龙吟》为最工。邦卿《双双燕》次之。白石《暗香》《疏影》格调虽高，然无一语道著，视古人"江边一树垂垂发"等句何如耶？

三十九

白石写景之作，如"二十四桥仍在，波心荡、冷月无声""数峰清苦，商略黄昏雨""高树晚蝉，说西风消息"，虽格韵高绝，然如雾里看花，终隔一层。梅溪、梦窗诸家写景之病，皆在一"隔"字。北宋风流，渡江遂绝，抑真有运会存乎其间耶？

四十

问"隔"与"不隔"之别，曰：陶、谢之诗不隔，延年则稍隔矣；东坡之诗不隔，山谷则稍隔矣。"池塘生春草""空梁落燕泥"等二句，妙处唯在不隔。词亦如是。即以一人一词论。如欧阳公《少年游·咏春草》上半阕云："阑干十二独凭春，晴碧远连云。二月三月，千里万里，行色苦愁人。"语语都在目前，便是不隔。至云"谢家池上，江淹浦畔"，则隔矣。白石《翠楼吟》："此地宜有词仙，拥素云黄鹤，与君游戏。玉梯凝望久，叹芳草萋萋千里。"便是不隔。至"酒祓清愁，花消英气"，则隔矣。然南宋词虽不隔处，比之前人，自有浅深厚薄之别。

四十一

"生年不满百，常怀千岁忧。昼短苦夜长，何不秉烛游。""服食求神仙，多为药所误。不如饮美酒，被服纨与素。"写情如此，方为不隔。"采菊东篱下，悠然见南山。山气日夕佳，飞鸟相与还。""天似穹庐，笼盖四野。天苍苍，野茫茫。风吹草低见牛羊。"写景如此，方为不隔。

四十二

古今词人格调之高，无如白石。惜不于意境上用力，故觉无言外之味，弦外之响，终不能与于第一流之作者也。

四十三

南宋词人，白石有格而无情，剑南有气而乏韵。其堪与北宋人颉颃者，唯一幼安耳。近人祖南宋而祧北宋，以南宋之词可学，北宋不可学也。学南宋者，不祖白石，则祖梦窗；以白石、梦窗可学，幼安不可学也。学幼安者，率祖其粗犷滑稽，以其粗犷滑稽处可学，佳处不可学也。幼安之佳处，在有性情，有境界；即以气象论，亦有"傍素波、干青云"之概，宁后世龌龊小生所可拟耶？

四十四

东坡之词旷，稼轩之词豪。无二人之胸襟而学其词，犹东施之效捧心也。

四十五

读东坡、稼轩词，须观其雅量高致，有伯夷、柳下惠之风。白石虽似蝉蜕尘埃，然终不免局促辕下。

四十六

苏、辛词中之狂，白石犹不失为狷，若梦窗、梅溪、玉田、草窗、中麓辈，面目不同，同归于乡愿而已。

四十七

稼轩《中秋饮酒达旦，用〈天问〉体作〈木兰花慢〉以送月》曰："可怜今夕月，向何处、去悠悠？是别有人间，那边才见，光景东头。"词人想象，直悟月轮绕地之理，与科学家密合，可谓神悟。

四十八

周介存谓"梅溪词中喜用'偷'字，足以定其品格"，刘融斋谓"周旨荡而史意贪"，此二词令人解颐。

四十九

介存谓梦窗词之佳者，如"水光云影，摇荡绿波，抚玩无极，追寻已远。"余览《梦窗甲乙丙丁稿》中，实无足当此者。有之，其"隔江人在雨声中，晚风菰叶生秋怨"二语乎？

五十

梦窗之词，吾得取其词中之一语以评之曰："映梦窗，凌乱碧。"玉田之词，余得取其词中之一语以评之曰："玉老田荒。"

五十一

"明月照积雪""大江流日夜""中天悬明月""黄河落日圆"，此种境界，可谓千古壮观。求之于词，唯纳兰容若塞上之作，如《长相思》之"夜深千帐灯"，《如梦令》之"万帐穹庐人醉，星影摇摇欲坠"差近之。

五十二

纳兰容若以自然之眼观物，以自然之舌言情。此由初入中原，未染汉人风气，故能真切如此。北宋以来，一人而已。

五十三

陆放翁跋《花间集》，谓："唐季五代，诗愈卑，而倚声者辄简古可爱。能此不能彼，未可以理推也。"《提要》驳之，谓："犹能举七十斤者，举百斤则蹶，举五十斤则运掉自如。"其言甚辨。然谓词必易于诗，余未敢信。善乎陈卧子之言曰："宋人不知诗而强作诗，故终宋之世无诗。然其欢愉愁苦之致，动于中而不能抑者，类发于诗余，故其所造独工。"五代词之所以独胜，亦以此也。

五十四

四言敝而有《楚辞》《楚辞》敝而有五言，五言敝而有七言，古诗敝而有律绝，律绝敝而有词。盖文体通行既久，染指遂多，自成习套，豪杰之士亦难于其中自出新意，故遁而作他体，以自解脱。一切文体所以始盛终衰者，皆由于此。故谓文学后不如前，余未敢信；但就一体论，则此说固无以易也。

五十五

诗之《三百篇》《十九首》，词之五代、北宋，皆无题也。非无题也，诗词中之意，不能以题尽之也。自《花庵》《草堂》每调立题，并古人无题之词亦为之作题。如观一幅佳山水，而即曰此某山某河，可乎？诗有题而诗亡，词有题而词亡。然中材之士，鲜能知此而自振拔者矣。

五十六

大家之作，其言情也必沁人心脾，其写景也必豁人耳目。其词脱口而出，无矫揉妆束之态。以其所见者真，所知者深也。诗词皆然。持此以衡古今之作者，可无大误矣。

五十七

人能于诗词中不为美刺投赠之篇，不使隶事之句，不用粉饰之字，则于此道已过半矣。

五十八

以《长恨歌》之壮采，而所隶之事，只"小玉双成"四字，才有余也。梅村歌行，则非隶事不办。白、吴优劣，即于此见。不独作诗为然，填词家亦不可不知也。

五十九

近体诗体制，以五七言绝句为最尊，律诗次之，排律最下。盖此体于寄兴言情，两无所当，殆有韵之骈体文耳。词中小令如绝句，长调似律诗，若长调之《百字令》《沁园春》等，则近于排律矣。

六十

诗人对宇宙人生，须入乎其内，又须出乎其外。入乎其内，故能写之；出乎其外，故能观之。入乎其内，故有生气；出乎其外，故有高致。美成能入而不能出，白石以降，于此二事皆未梦见。

六十一

诗人必有轻视外物之意，故能以奴仆命风月。又必有重视外物之意，故能与花草共忧乐。

六十二

"昔为倡家女，今为荡子妇。荡子行不归，空床难独守""何不策高足，先据要路津？无为久贫贱，轗轲长苦辛。"可谓淫鄙之尤。然无视为淫词、鄙词者，以其真也。五代、北宋之大词人亦然，非无淫词，读之者但觉其亲切动人；非无鄙词，但觉其精力弥满。可知淫词与鄙词之病，非淫与鄙之病，而游词之病也。"岂不尔思，室是远而"，而子曰："未之思也，夫何远之有？"恶其游也。

六十三

"枯藤老树昏鸦，小桥流水人家。古道西风瘦马。夕阳西下，断肠人在天涯。"此元人马东篱《天净沙》小令也。寥寥数语，深得唐人绝句妙境。有元一代词家，皆不能办此也。

六十四

白仁甫《秋夜梧桐雨》剧，沉雄悲壮，为元曲冠冕。然所作《天籁词》，粗浅之甚，不足为稼轩奴隶。岂创者易工而因者难巧欤？抑人各有能有不能也？读者观欧、秦之诗远不如词，足透此中消息。

第二部分

一

白实之词，余所最爱者，亦仅二语，曰："淮南皓月冷千山，冥冥归去无人管。"

二

双声、叠韵之论，盛于六朝，唐人犹多用之。至宋以后，则渐不讲，并不知二者为何物。乾嘉间，吾乡周公霭先生（春）著《杜诗双声叠韵谱括略》，正千余年之误，可谓有功文苑者矣。其言曰："两字同母谓之双声，两字同韵谓之叠韵。"余按：用今日各国文法通用之语表之，则两字同一子音者谓之双声。如《南史·羊元保传》之"官家恨狭，更广八分""官、家、更、广"四字，皆从 g 得声。《洛阳伽蓝记》之"狞奴慢骂""狞、奴"两字，皆从 n 得声。"慢、骂"两字，皆从 m 得声也。两字同一母音者，谓之叠韵。如梁武帝"后牖有朽柳""后、牖、有"三字，双声而兼叠韵。"有、朽、柳"三字，其母音皆为 u。刘孝绰之"梁王长康强""梁、长、强"三字，其母音皆为 ang 也。自李淑《诗苑》伪造沉约之说，以双声叠韵为诗中八病之二，后是诗家多废而不讲，亦不复用之于词。余谓苟于词之荡漾处多用叠韵，促结处用双声，则其铿锵可诵，必有过于前人者。惜世之专讲音律者，尚未悟此也。

三

昔人但知双声之不拘四声，不知叠韵亦不拘平、上、去三声。凡字之同母者，虽平仄有殊，皆叠韵也。

四

诗至唐中叶以后，殆为羔雁之具矣。故五代北宋之诗，佳者绝少，而词则为其极盛时代。即诗词兼擅如永叔、少游者，词胜于诗远甚，以其写之于诗者，不若写之于词者之真也。至南宋以后，词亦为羔雁之具，而词亦替矣。此亦文学升降之一关键也。

五

曾纯甫中秋应制，作《壶中天慢》词，自注云："是夜，西兴亦闻天乐。"谓宫中乐声，闻于隔岸也。毛子晋谓："天神亦不以人废言。"近冯梦华复辨其诬。不解"天乐"两字文义，殊笑人也。

六

北宋名家以方回为最次。其词如历下、新城之诗，非不华赡，惜少真味。

七

散文易学而难工，韵文难学而易工。近体诗易学而难工，古体诗难学而易工。小令易学而难工，长调难学而易工。

八

古诗云："谁能思不歌？谁能饥不食？"诗词者，物之不得其平而鸣者也。

故"欢愉之辞难工，愁苦之言易巧"。

九

社会上之习惯，杀许多之善人。文学上之习惯，杀许多之天才。

十

昔人论诗词，有景语、情语之别。不知一切景语，皆情语也。

十一

词家多以景寓情。其专作情语而绝妙者，如牛峤之"甘作一生拼，尽君今日欢"，顾夐之"换我心为你心，始知相忆深"，欧阳修之"衣带渐宽终不悔，为伊消得人憔悴"，美成之"许多烦恼，只为当时，一饷留情"，此等词求之古今人词中，曾不多见。

十二

词之为体，要眇宜修。能言诗之所不能言，而不能尽言诗之所能言。诗之景阔，词之言长。

十三

言气质，言神韵，不如言境界。有境界，本也；气质、神韵，末也。有境界而二者随之矣。

十四

"西风吹渭水，落日满长安。"美成以之入词，白仁甫以之入曲。此借古人之境界，为我之境界者也。然非自有境界，古人亦不为我用。

十五

长调自以周、柳、苏、辛为最工。美成《浪淘沙慢》二词，精壮顿挫，已开北曲之先声。若屯田之《八声甘州》，东坡之《水调歌头》，则仁兴之作，格高千古，不能以常调论也。

十六

稼轩《贺新郎》词"送茂嘉十二弟"，章法绝妙，且语语有境界。此能品而几于神者。然非有意为之，故后人不能学也。

十七

稼轩《贺新郎》词："柳暗凌波路。送春归猛风暴雨，一番新绿。"又《定风波》词："从此酒酣明月夜。耳热。""绿""热"二字，皆作上、去用。与韩玉《东浦词》《贺新郎》以"玉""曲"叶"注""女"，《卜算子》以"夜""谢"叶"食""月"，已开北曲四声通押之祖。

十八

谭复堂《箧中词选》谓："蒋鹿潭《水云楼词》与成容若、项莲生，二百年间，分鼎三足。"然《水云楼词》小令颇有境界，长调唯存气格。《忆云词》精实有余，超逸不足，皆不足与容若比。然视皋文、止庵辈，则倜乎远矣。

十九

词家时代之说，盛于国初。竹垞谓：词至北宋而大，至南宋而深。后此词人，群奉其说。然其中亦非无具眼者。周保绪曰："南宋下不犯北宋拙率之病，高不到北宋浑涵之诣。"又曰："北宋词多就景叙情，故珠圆玉润，四照玲珑。至稼轩、白石，一变而为即事叙景，故深者反浅，曲者反直。"潘四农（德舆）曰："词滥觞于唐，畅于五代，而意格之闳深曲挚，则莫盛于北宋。词之有北宋，犹诗之有盛唐。至南宋则稍衰矣。"刘融斋（熙载）曰："北宋词用密亦疏、用隐亦亮、用沉亦快、用细亦阔、用精亦浑。南宋只是掉转过来。"可知此事自有公论。虽止庵词颇浅薄，潘、刘尤甚。然其推尊北宋，则与明季云间诸公，同一卓识也。

二十

唐五代北宋词，可谓生香真色。若云间诸公，则彩花耳。湘真且然，况其次也者乎？

二十一

《衍波词》之佳者，颇似贺方回。虽不及容若，要在浙中诸子之上。

二十二

近人词，如《复堂词》之深婉，《彊村词》之隐秀，皆在半塘老人上。

彊村学梦窗而情味较梦窗反胜。盖有临川、庐陵之高华，而济以白石之疏越者。学人之词，斯为极则。然古人自然神妙处，尚未见及。

二十三

宋直方《蝶恋花》："新样罗衣浑弃却，犹寻旧日春衫著。"谭复堂《蝶恋花》："连理枝头侬与汝，千花百草从渠许。"可谓寄兴深微。

二十四

《半塘丁稿》中和冯正中《鹊踏枝》十阕，乃《鹜翁词》之最精者。"望远愁多休纵目"等阕，郁伊惝恍，令人不能为怀。《定稿》只存六阕，殊为未允也。

二十五

固哉，皋文之为词也！飞卿《菩萨蛮》、永叔《蝶恋花》、子瞻《卜算子》，皆兴到之作，有何命意？皆被皋文深文罗织。阮亭《花草蒙拾》谓："坡公命宫磨蝎，生前为王珪、舒亶辈所苦，身后又硬受此差排。"由今观之，受差排者，独一坡公已耶？

二十六

贺黄公谓："姜论史词，不称其'软语商量'，而赏其'柳暗花暝'，固知不免项羽学兵法之恨。"然"柳暗花暝"自是欧秦辈句法，前后有画工化工之殊。吾从白石，不能附和黄公矣。

二十七

"池塘春草谢家春，万古千秋五字新。传语闭门陈正字，可怜无补费精神。"此遗山《论诗绝句》也。梦窗、玉田辈，当不乐闻此语。

二十八

朱子《清邃阁论诗》谓："古人诗中有句，今人诗更无句，只是一直说将去。这般诗一日作百首也得。"余谓北宋之词有句，南宋以后便无句。玉田、草窗之词，所谓"一日作百首也得"者也。

二十九

朱子谓："梅圣俞诗，不是平淡，乃是枯槁。"余谓草窗、玉田之词亦然。

三十

"自怜诗酒瘦，难应接，许多春色。""能几番游，看花又是明年。"此等语亦算警句耶？乃值如许笔力！

三十一

文文山词，风骨甚高，亦有境界，远在圣与、叔夏、公谨诸公之上。亦如明初诚意伯词，非季迪、孟载诸人所敢望也。

三十二

和凝《长命女》词："天欲晓。宫漏穿花声缭绕，窗里星光少。冷霞寒侵帐额，残月光沉树杪。梦断锦闱空悄悄。强起愁眉小。"此词前半，不减夏英公《喜迁莺》也。

三十三

宋李希声《诗话》云："唐人作诗，正以风调高古为主。虽意远语疏，皆为佳作。后人有切近的当、气格凡下者，终使人可憎。"余谓北宋词亦不妨疏远。若梅溪以下，正所谓切近的当、气格凡下者也。

三十四

自竹垞痛贬《草堂诗余》而推《绝妙好词》，后人群附和之。不知《草堂》虽有亵诨之作，然佳词恒得十之六七。《绝妙好词》则除张范辛刘诸家外，十之八九，皆极无聊赖之词。古人云：小好小惭，大好大惭，洵非虚语。

三十五

梅溪、梦窗、玉田、草窗、西麓诸家，词虽不同，然同失之肤浅。虽时代使然，亦其才分有限也。近人弃周鼎而宝康瓠，实难索解。

三十六

余友沈昕伯自巴黎寄余《蝶恋花》一阕云："帘外东风随燕到。春色东来，循我来时道。一霎围场生绿草，归迟却怨春来早。锦绣一城春水绕。庭院笙歌，行乐多年少。著意来开孤客抱，不知名字闲花鸟。"此词当在晏氏父子间，南宋人不能道也。

三十七

"君王枉把平陈乐，换得雷塘数亩田。"政治家之言也。"长陵亦是闲丘陇，异日谁知与仲多？"诗人之言也。政治家之眼，域于一人一事；诗人之眼，则通古今而观之。词人观物，须用诗人之眼，不可用政治家之眼。故感事、怀古等作，当与寿词同为词家所禁也。

三十八

宋人小说，多不足信。如《雪舟脞语》谓：台州知府唐仲友眷官妓严蕊奴。朱晦庵系治之。及晦庵移去，提刑岳霖行部至台，蕊乞自便。岳问曰：去将安归？蕊赋《卜算子》词云"住也如何住"云云。案：此词系仲友戚高宣教作，使蕊歌以侑觞者，见朱子"纠唐仲友奏牍"。则《齐东野语》所纪朱唐公案，恐亦未可信也。

三十九

《沧浪》《凤兮》二歌，已开楚辞体格。然楚辞之最工者，推屈原、宋玉，而后此之王褒、刘向之词不与焉。五古之最工者，实推阮嗣宗、左太冲、郭景纯、陶渊明，而前此曹、刘，后此陈子昂、李太白不与焉。词之最工者，实推后主、正中、永叔、少游、美成，而后此南宋诸公不与焉。

四十

唐五代之词，有句而无篇。南宋名家之词，有篇而无句。有篇有句，唯李后主降宋后诸作，及永叔、子瞻、少游、美成、稼轩数人而已。

四十一

唐五代北宋之词家，倡优也；南宋后之词家，俗子也，二者其失相等。但词人之词，宁失之倡优，不失之俗子。以俗子之可厌，较倡优为甚故也。

四十二

《蝶恋花》"独倚危楼"一阕，是《六一词》，亦见《乐章集》。余谓：屯田轻薄子，只能道"奶奶兰心蕙性"耳。

四十三

读《会真记》者，恶张生之薄幸倖，而恕其奸非；读《水浒传》者，恕宋江之横暴，而责其深险。此人人之所同也。故艳词可作，唯万不可作俺薄语。龚定庵诗云："偶赋凌云偶倦飞，偶然闲慕遂初衣。偶逢锦瑟佳人问，便说寻春为汝归。"其人之凉薄无行，跃然纸墨间。余辈读耆、卿伯可词，亦有此感。视永叔、希文小词何如耶？

四十四

词人之忠实，不独对人事宜然，即对一草一木，亦须有忠实之意；否则所谓游词也。

四十五

读《花间》《尊前》集，令人回想徐陵《玉台新咏》。读《草堂诗余》，令人回想韦毂《才调集》。读朱竹垞《词综》，张皋文、董子远《词选》，令人回想沈德潜三朝诗《别裁集》。

四十六

明季国初诸老之论词，大似袁简斋之论诗，其失也，纤小而轻薄。竹垞以降之论词者，大似沈规愚，其失也，枯槁而庸陋。

四十七

东坡之旷在神，白石之旷在貌。白石如王衍口不言阿堵物，而暗中为营三窟之计，此其所以可鄙也。

四十八

"纷吾既有此内美兮，又重之以修能。"文学之事，于此二者，不能缺一。然词乃抒情之作，故尤重内美。无内美而但有修能，则白石耳。

四十九

诗人视一切外物，皆游戏之材料也。然其游戏，则以热心为之，故诙谐与严重二性质，亦不可缺一也。

叔本华与尼采

　　十九世纪中，德意志之哲学界有二大伟人焉，曰叔本华 (Schopenhauer)，曰尼采 (Nietzsche)。二人者，以旷世之文才，鼓吹其学说也同；其说之风靡一世，而毁誉各半也同。就其学说言之，则其以意志为人性之根本也同。然一则以意志之灭绝，为其伦理学上之理想，一则反是；一则由意志同一之假说，而唱绝对之博爱主义，一则唱绝对之个人主义。夫尼采之学说，本自叔本华出，曷为而其终乃反对若是？岂尼采之背师，固若是其甚欤？抑叔本华之学说中，自有以启之者欤？自吾人观之，尼采之学说全本于叔氏。其第一期之说，即美术时代之说，其全负于叔氏，固可勿论；第二期之说，亦不过发挥叔氏之直观主义；其末期之说，虽若与叔氏相反对，然要之不外以叔氏之美学上之天才论，应用于伦理学而已。兹比较二人之说，好学之君子以览观焉。

　　叔本华由锐利之直观与深邃之研究，而证吾人之本质为意志，而其伦理学上之理想，则又在意志之寂灭。然意志之寂灭之可能与否，一不可解之疑问也。尼采亦以意志为人之本质，而独疑叔氏伦理学之寂灭说，谓欲寂灭此意志者，亦一意志也。于是由叔氏之伦理学出而趋于其反对之方向，又幸而于叔氏之伦理学上所不满足者，于其美学中发现其可模仿之点，即其天才论与智力的贵族主义，实可为超人说之标本者也。要之，尼采之说，乃彻头彻尾发展其美学上之见解，而应用之于伦理学；犹赫尔德曼之无意识哲学，发展其伦理学之见解者也。叔氏谓吾人之知识，无不从充足理由之原则者，独美术之知识不然。其言曰：

一切科学，无不从充足理由原则之某形式者。科学之题目，但现象耳，现象之变化及关系耳。今有一物焉，超乎一切变化关系之外，而为现象之内容，无以名之，名之曰"实念"。问此实念之知识为何？曰美术是已。夫美术者，实以静观中所得之实念，寓诸一物焉而再现之。由其所寓之物之区别，而或谓之雕刻，或谓之绘画，或谓之诗歌、音乐，然其唯一之渊源，则存于实念之知识，而又以传播此知识为其唯一之目的也。一切科学，皆从充足理由之形式。当其得一结论之理由也，此理由又不可无他物以为之理由，他理由亦然。譬诸混混长流，永无渟潴之日；譬诸旅行者，数周地球，而曾不得见天之有涯、地之有角。美术则不然，固无往而不得其息肩之所也。彼由理由结论之长流中，拾其静观之对象而使之孤立于吾前，而此特别之对象，其在科学中也，则藐然全体之一部分耳。而在美术中，则遽而代表其物之种族之全体，空间时间之形式对此而失其效，关系之法则至此而穷于用，故此时之对象，非个物而但其实念也。吾人于是得下美术之定义曰：美术者，离充足理由之原则，而观物之道也。此正与由此原则观物者相反对；后者如地平线，前者如垂直线；后者之延长虽无限，而前者得于某点割之；后者合理之方法也，唯应用于生活及科学，前者天才之方法也，唯应用于美术；后者雅里大德勒之方法，前者柏拉图之方法也，后者如终风暴雨，震撼万物，而无始终，无目的，前者如朝日漏于阴云之罅，金光直射，而不为风雨所摇；后者如瀑布之水，瞬息变易，而不舍昼夜，前者如涧畔之虹，立于轇轕澎湃之中，而不改其色彩。（英译《意志及观念之世界》第一百三十八页至一百四十页）

夫充足理由之原则，吾人智力最普遍之形式也。而天才之观美也，乃不沾沾于此。此说虽本于希尔列尔 (Schiller) 之游戏冲动说，然其为叔氏美学上重要之思想，无可疑也。尼采乃推之于实践上，而以道德律之于超人，与充足理由原则之于天才一也。由叔本华之说，则充足理由之原则非徒无益于天才，其所以为天才者，正在离之而观物耳；由尼采之说，则道德律非徒无益于超人，超道德而行动，超人之特质也。由叔本华之说，最大之知识，在超绝知识之法则；由尼采之说，最大之道德，在超绝道德之法则。天才存于知之无所限制，而超人存于意之无所限制。而限制吾人之智力者，充足理由之原则；限制吾人之意志者，道德律也。于是尼采由知之无限制说，转而唱意之无限制说。其《察拉图斯德拉》第一篇中之首章，述灵魂三变之说曰：

　　察拉图斯德拉说法于五色牛之村曰：吾为汝等说灵魂之三变。灵魂如何而变为骆驼，又由骆驼而变为狮，由狮而变为赤子乎？于此有重荷焉，强力之骆驼负之而趋，重之又重，以至于无可增，彼固以此为荣且乐也。此重物何？此最重之物何？此非使彼卑弱而污其高严之衮冕者乎？此非使彼炫其愚而匿其知者乎？此非使彼拾知识之橡栗而冻饿以殉真理者乎？此非使彼离亲爱之慈母而与聋瞽为侣者乎？世有真理之水，使彼入水而友蛙龟者，非此乎？使彼爱敌而与狞恶之神握手者，非此乎？凡此数者，灵魂苟视其力之所能及，无不负也。如骆驼之行于沙漠，视其力之所能及，无不负也。既而风高日黯，沙飞石走，昔日柔顺之骆驼，变为猛恶之狮子，尽弃其荷，而自为沙漠主，索其敌之大龙而战之。于是昔日之主，今日之敌；昔日之神，今日之魔也。此龙何名？谓之"汝宜"。狮子何名？谓之"我欲"。邦人兄弟，汝等必为狮子，毋为骆驼，岂汝等任载之日尚短，而负担尚未重欤？汝等其破坏旧价值（道德）而创作新价值，狮子乎？言乎破坏则足矣，言乎创作则未也。然使人有创作之自由者，非彼之力欤？汝等胡不为狮子？邦人兄弟，狮子之变为赤子也何故？狮子之所不能为，而赤子能之者何？赤子若狂也，若忘也，万事之源泉也，游戏之状态也，自转之轮也，第一之运动也，神圣之自尊也。邦人兄弟，灵魂之为骆驼，骆驼之变而为狮，狮之变而为赤子，余既诏汝矣。

（英译《察拉图斯德拉》二十五至二十八页）

其赤子之说，又使吾人回想叔本华之天才论曰：

天才者，不失其赤子之心者也。盖人生至七年后，知识之机关即脑之质与量已达完全之域，而生殖之机关尚未发达，故赤子能感也，能思也，能教也。其爱知识也，较成人为深，而其受知识也，亦视成人为易。一言以蔽之，曰彼之智力盛于意志而已。即彼之智力之作用，远过于意志之所需要而已。故自某方面观之，凡赤子皆天才也；又凡天才，自某点观之，皆赤子也。昔海尔台尔（Herder）谓格代（Goethe）曰："巨孩。"音乐大家穆差德（今译莫扎特）（Mozart）亦终生不脱孩气，休利希台额路尔谓彼曰："彼于音乐，幼而惊其长老，然于一切他事，则壮而常有童心者也。"（英译《意志及观念之世界》第三册六十一页至六十三页）

至尼采之说超人与众生之别，君主道德与奴隶道德之别，读者未有不惊其与叔氏伦理学上之平等博爱主义相反对者。然叔氏于其伦理学及形而上学所视为同一意志之发现者，于知识论及美学亡，则分之为种种之阶级，故古今之崇拜天才者，殆未有如叔氏之甚者也。彼于其大著述第一书之补遗中，说智力上之贵族主义曰：

　　智力之拙者，常也；其优者，变也；天才者，神之示现也。不然，则宁有以八百兆之人民，经六千年之岁月，而所待于后人之发明思索者，尚如斯其众耶？夫大智者，固天之所吝，天之所吝，人之幸也。何则？小智于极狭之范围内，测极简之关系，比大智之冥想宇宙人生者，其事逸而且易。昆虫之在树也，其视盈尺以内，较吾人为精密，而不能见人于五步之外。故通常之智力，仅足以维持实际之生活耳。而对实际之生活，则通常之智力，固亦已胜任而愉快；若以天才处之，是犹用天文镜以观优，非徒无益，而又蔽之。故由智力上言之，人类真贵族的也，阶级的也。此智力之阶级，较贵贱贫富之阶级为尤著。其相似者，则民万而始有诸侯一，民兆而始有天子一，民京垓而始有天才一耳。故有天才者，往往不胜孤寂之感。白衣龙(Byron)于其《唐旦之预言诗》中咏之曰：

To feel me in the solitude of kings.

Without the power that make them bear a crown.

予岑寂而无友兮，羌独处乎帝之庭。

冠玉冕之崔巍兮，夫固踸踔而不能胜。（略译其大旨）

此之谓也。（同前书第二册三百四十二页）

此智力的贵族与平民之区别外，更进而立大人与小人之区别曰：

一切俗子因其智力为意志所束缚，故但适于一身之目的。由此目的出，于是有俗滥之画，冷淡之诗，阿世媚俗之哲学。何则？彼等自己之价值，但存于其一身一家之福祉，而不存于真理故也。唯智力之最高者，其真正之价值，不存于实际而存于理论，不存于主观而存于客观，岂岂焉力索宇宙之真理而再现之。于是彼之价值，超乎个人之外，与人类自然之性质异。如彼者，果非自然的软，宁超自然的也。而其人之所以大，亦即存乎此。故图画也，诗歌也，思索也，在彼则为目的，而在他人则为手段也。彼牺牲其一生之福祉，以殉其客观上之目的，虽欲少改焉而不能。何则？

彼之真正之价值，实在此而不在彼故也。他人反是，故众人皆小，彼独大也。（前书第三册第一百四十九页至一百五十页）

叔氏之崇拜天才也如是，由是对一切非天才而加以种种之恶谥，曰俗子 (Philistine)，曰庸夫 (populase)，曰庶民 (Mob)，曰舆台 (Rabble)，曰合死者 (Mortal)。尼采则更进而谓之曰众生 (Herd)，曰众庶 (Far-too-many)。其所以异者，唯叔本华谓智力上之阶级唯由道德联结之，尼采则谓此阶级于智力 / 道德皆绝对的，而不可调和者也。叔氏以持智力的贵族主义，故于其伦理学上虽奖卑屈 (Humility) 之行，而于其美学上大非谦逊 (Modesty) 之德，曰：

人之观物之浅深明暗之度不一，故诗人之阶级亦不一。当其描写所观也，人人殆自以为握灵蛇之珠，抱荆山之玉矣。何则？彼于大诗人之诗中，不见其所描写者或逾于自己。非大诗人之诗之果然也，彼之肉眼之所及，实止于此，故其观美术也，亦如其观自然，不能越此一步也。唯大诗人见他人之见解之肤浅，而此外尚多描写之余地，始知己能见人之所不能见，而言人之所不能言。故彼之著作不足以悦时人，只以自赏而已。若以谦逊为教，则将并其自赏者而亦夺之乎？然人之有功绩者，不能掩其自知之明。譬诸高八尺者暂而过市，则肩背昂然齐于众人之首矣。千仞之山，自巅而视其麓也，与自麓而视其巅等。霍兰士 (Horace)、鲁克来鸠斯 (Lucletius)、屋维特 (Ovid) 及一切古代之诗人，其自述也，莫不有矜贵之色。唐旦 (Dante) 然也，狭斯丕尔 (Shakespeare) 然也，

柏庚 (Bacon) 亦然也。故大人而不自见其大者，殆未之有；唯细人者自顾其一生之空无所有，而聊托于谦逊以自慰，不然则彼唯有蹈海而死耳。某英人尝言曰："功绩 (Merit) 与谦逊 (Modest)，除二字之第一字母外，别无公共之点。"格代亦云："唯一无所长者乃谦逊耳。"特如以谦逊教人责人者，则格代之言，尤不我欺也。（同前书第三册二百零二页）

吾人且述尼采之《小人之德》一篇中之数节以比较之。其言曰：

察拉图斯德拉远游而归，至于国门，则眇焉若狗窦匍匐而后能入。既而览乎民居，粲焉若傀儡之箱，鳞次而栉比，叹曰：夫造物者，宁将以彼为此拘拘也？吾知之矣，使彼等藐焉若此者，非所谓德性之教耶？彼等好谦逊，好节制，何则？彼等乐其平易故也。夫以平易而言，则诚无以逾乎谦逊之德者矣。彼等尝学步矣，然非能步也，蹙也。彼且蹙且顾，且顾且轻，彼之足与目，不我欺也。彼等之小半能欲也，而其大半被欲也。其小半，本然之动作者也，其大半反是。彼等皆不随意之动作者也，与意识之动作者也，其能为自发之动作者希矣。其丈夫既藐焉若此，于是女子亦皆男子自处。唯男子之得全其男子者，得使女子之位置复归于女子。其最不幸者，命令之君主，亦不得不从服役之奴隶之道德。"我役、当役、彼役"，　此道德之所命令者也。哀哉！乃使最高之君主，为最高之奴隶乎？哀哉！其仁愈大，其弱愈大；其义愈大，其弱愈大。此道德之根柢，可以一言蔽之曰"毋害一人"。噫！道德乎？卑怯耳！然则彼等所视为道德者，即使彼等谦逊驯扰者也，是使狼为羊，使人为人之最驯之家畜者也。（《察拉图斯德拉》第二百四十八页至二百四十九页）

尼采之恶谦逊也亦若此，其应用叔氏美学之说于伦理学上昭然可睹。夫叔氏由其形而上学之结论，而谓一切无生物之物，与吾人皆同一意志之发现。故其伦理学上之博爱主义，不推而放之于禽兽草木不止；然自智力上观之，不独禽兽与人异焉而已，即天才与众人间，男子与女子间，皆有斠然不可愈之界限。但其与尼采异者，一专以智力言，一推而论之于意志，然其为贵族主义则一也。又叔本华亦力攻基督教曰："今日之基督教，非基督之本意，乃复活之犹太教耳。"其所以与尼采异者，一则攻击其乐天主义，一则并其厌世主义而亦攻之，然其为无神论则一也。叔本华说涅槃，尼采则说转灭。一则欲一灭而不复生，一则以灭为生超人之手段，其说之所归虽不同，然其欲破坏旧文化而创造新文化则一也。况其超人说之于天才说，又历历有模仿之迹乎？然则吾人之视尼采，与其视为叔氏之反对者，宁视为叔氏之后继者也。

又叔本华与尼采二人之相似，非独学说而已，古今哲学家性行之相似，亦无若彼二人者。巴尔善之《伦理学系统》，与文特尔朋《哲学史》中，其述二人学说与性行之关系，甚有兴味。兹援以比较之。巴尔善曰：

叔本华之学说，与其生活实无一调和之处。彼之学说，在脱厤世界与拒绝一切生活之意志，然其性行则不然。彼之生活，非婆罗门教、佛教之克己的，而宁伊壁鸠鲁之快乐的也。彼自离柏林后，权度一切之利害，而于法兰克福特及曼亨姆之间，定其隐居之地。彼虽于学说上深美悲悯之德，然彼自己则无之。古今之攻击学问上之敌者，殆未有酷于彼者也。虽彼之酷于攻击，或得以"辩护真理"自解乎，然何不观其对母与妹之关系也？彼之母、妹，斩焉陷于破产之境遇，而彼独保其自己之财产。彼终其身，惴惴焉唯恐分有他人之损失，及他人之苦痛。要之，彼之性行之冷酷，无可讳也，然则彼之人生观，果欺人之语欤？曰："否。"彼虽不实践其理想上之生活，固深知此生活之价值者也。人性之二元中，理欲二者，为反对之两极，而二者以彼之一生为其激战之地。彼自其父遗传忧郁之性质，而其视物也，恒以小为大，以常为奇，方寸之心，充以弥天之欲，忧患、劳苦、损失、疾病，迭起互伏，而为其恐怖之对象，其视天下人无一可信赖者。凡此数者，有一于此，固足以疲其生活而有余矣。此彼之生活之一方面也，其在他方面，则彼大知也，天才也，富于直观之力，而饶于知识之乐，视古之思想家，有过之无不及。当此时也，彼远离希望与恐怖，而追求其纯粹之思索，此彼之生活中最慰藉之顷也。逮其情欲再现，则畴昔之平和破，而其生活复以忧患恐惧充之。彼明知其失而无如之何，故彼每曰："知意志之过失，而不能改之，此可疑而不可疑之事实也。"故彼之伦理说，实可谓其罪恶之自白也。（巴尔善《伦理学系统》第三百十一页至三百一十二页）

巴氏之说固自无误，然不悟其学说中于智力之元质外，尚有意志之元质（见下文）。然其叙述叔氏知意之反对甚为有味。吾人更述文特尔朋之论尼采者比较之曰：

　　彼之性质中争斗之二元质，尼采自谓之曰"地哇尼苏斯"（Dionysus），曰"亚波罗"（Apollo）。前者主意论，后者主知论也；前者叔本华之意志，后者海额尔之理念也。彼之智力的修养与审美的创造力，皆达最高之程度。彼深观历史与人生，而以诗人之手腕再现之。然其性质之根柢，充以无疆之大欲，故科学与美术不足以拯之。其志则专制之君主也，其身则大学之教授也。于是彼之理想，实往复于智力之快乐与意志之势力之间。彼俄焉委其一身于审美的直观与艺术的制作，俄焉而欲展其意志，展其本能，展其情绪，举昔之所珍赏者一朝而舍之。夫由其人格之高尚纯洁观之，则耳目之欲，于彼固一无价值也。彼所求之快乐，非知识的，即势力的也。彼之一生疲于二者之争斗，迨其暮年，知识、美术、道德等一切，非个人及超个人之价值不足以厌彼，彼翻然而欲于实践之生活中，发展其个人之无限之势力。于是此战争之胜利者，非亚波罗而地哇尼苏斯也，非过去之传说而未来之希望也；一言以蔽之：非理性而意志也。（文特尔朋《哲学史》第六百七十九页）

由此观之，则二人之性行，何其相似之甚欤！其强于意志，相似也；

其富智力相似也；其喜自由，相似也。其所以不相似而相似，相似而又不相似者，何欤？

　　呜呼！天才者，天之所靳，而人之不幸也。蚩蚩之民，饥而食，渴而饮，老身长子，以遂其生活之欲，斯已耳。彼之苦痛，生活之苦痛而已；彼之快乐，生活之快乐而已。过此以往，虽有大疑大患，不足以撄其心。人之永保此蚩蚩之状态者，固其人之福祉，而天之所独厚者也。若夫天才，彼之所缺陷者与人同，而独能洞见其缺陷之处。彼与蚩蚩者俱生，而独疑其所以生。一言以蔽之：彼之生活也与人同，而其以生活为一问题也与人异；彼之生于世界也与人同，而其以世界为一问题也与人异。然使此等问题，彼自命之，而自解之，则亦何不幸之有。然彼亦一人耳，志驰乎六合之外，而身局乎七尺之内；因果之法则与空间时间之形式束缚其智力于外，无限之动机与民族之道德压迫其意志于内，而彼之智力、意志非犹夫人之智力、意志也？彼知人之所不能知，而欲人之所不敢欲，然其被束缚压迫也与人同。夫天才之大小，与其智力、意志之大小为比例，故苦痛之大小，亦与天才之大小为比例。彼之痛苦既深，必求所以慰藉之道，而人世有限之快乐，其不足慰藉彼也明矣。于是彼之慰藉，不得不反而求诸自己。其视自己也，如君王，如帝天；其视他人也，如蝼蚁，如粪土。彼故自然之子也；而常欲为其母，又自然之奴隶也，而常欲为其主。举自然所以束缚彼之知意者，毁之、裂之、焚之、弃之，草薙而兽狝之。彼非能行之也，姑妄言之而已；亦非欲言诸人也，聊以自娱而已。何则？以彼知意之如此，而苦痛之如彼，其所以自慰藉之道，固不得不出于此也。

　　叔本华与尼采，所谓旷世之天才非欤？二人者，智力之伟大相似，意志之强烈相似。以极强烈之意志，而辅以极伟大之智力，其高掌远跖于精神界，固秦皇、汉武之所北面，而成吉思汗、拿破仑之所望而却走者也。九万里之地球与六千年之文化，举不足以厌其无疆之欲。其在叔本华，则幸而有汗德者为其陈胜、吴广，为其李密、窦建德，以先驱属路。于是于世界现象之方面，则穷汗德之知识论之结论，而曰"世界者，吾之观念也"。于本体之方面，则曰"世界万物，其本体皆与吾人之意志同，而吾人与世界万物，皆同一意志之发现也"。自他方面言之："世界万物之意志，皆吾之意志也。"于是我所有之世界，自现象之方面而扩于本体之方面，而世界之在我自智力之方面而扩于意志之方面。然彼犹以有今日之世界为不足，更进而求最完全之世界，故其说虽以灭绝意志为归，而于其大著第四篇之末，仍反覆灭不终灭、寂不终寂之说。彼之说"博爱"也，非爱世界也，爱其自己之世界而已；其说"灭绝"也，非真欲灭绝也，不满足于今日之世界而已。由彼之说，岂独如释迦所云"天上地下，唯我独尊"而已哉，必谓"天上地下，唯我独存"而后快。当是时，彼之自视，若担荷大地之阿德拉斯 (Atlas) 也，孕育宇宙之婆罗麦 (Brahma) 也。彼之形而上学之需要在此，终身之慰藉在此，故古今之主张意志者，殆未有过于叔氏者也，不过于其美学之天才论中，偶露其真面目之说耳。若夫尼采，以奉实证哲学，故不满于形而上学之空想。而其势力炎炎之欲，失之于彼岸者，欲恢复之于此岸；失之于精神者，欲恢复之于物质。于是叔本华之美学，占领其第一期之思想者，至其暮年，不识不知，而为其伦理学之模范。彼效叔本华之天才而说超人，效叔本华之放弃充足理由之原则而放弃道德，高视阔步而恣其意志之游戏。宇宙之内有知意之优于彼，或足以束缚彼之知意者，彼之所不喜也。故彼二人者，其执无神论同也，其唱意志自由论同也。譬之一树，叔本华之说，其根柢之盘错于地下，而尼采之说，则其枝叶之干青云而直上者也。尼采之说，如太华三峰，高与天际，而叔本华之说，则其山麓之花岗岩也，其所趋虽殊，而性质则一。彼等所以为此说者无他，亦聊以自慰而已。

要之，叔本华之自慰藉之道，不独存于其美学，而亦存于其形而上学。彼于此学中，发现其意志之无乎不在，而不惜以其七尺之我，殉其宇宙之我，故与古代之道德尚无矛盾之处。而其个人主义之失之于枝叶者，于根柢取偿之。何则？以世界之意志，皆彼之意志故也。若推意志同一之说，而谓世界之智力皆彼之智力，则反以俗人智力上之缺点加诸天才，则非彼之光荣，而宁彼之耻辱也；非彼之慰藉，而宁彼之苦痛也。其于智力上所以持贵族主义，而与其伦理学相矛盾者以此。《列子》曰：

> 周子尹氏大治产，其下趣役者侵晨昏而弗息。有老役夫筋力竭矣，而使之弥勤，昼则呻吟而即事，夜则昏惫而熟寐，昔昔梦为国君，居人民之上，总一国之事，游燕宫观，恣意所欲，觉则复役。（《周穆王》篇）

叔氏之天才之苦痛，其役夫之昼也；美学上之贵族主义，与形而上学之意志同一论，其国君之夜也。尼采则不然。彼有叔本华之天才，而无其形而上学之信仰，昼亦一役夫，夜亦一役夫，醒亦一役夫，梦亦一役夫，于是不得不弛其负担，而图一切价值之颠覆。举叔氏梦中所以自慰者，而欲于昼日实现之，此叔本华之说所以尚不反于普遍之道德，而尼采则肆其叛逆而不惮者也。此无他，彼之自慰藉之道，固不得不出于此也。世人多以尼采暮年之说与叔本华相反对者，故特举其相似之点及其所以相似而不相似者如此。

德国文化大改革家尼采传

十九世纪末之德国之大哲学家兼文学家尼采，名腓力特威廉，一八四四年十月十日生于留镇附近之兰铿。父某，田舍之牧师，有恭敬温顺之德。尼采生日，与德皇腓力特威廉同日，故名之曰腓力特威廉，为纪念也。

尼采之先世，故波兰之贵族也，谓之尼芝开。尼采常自云波兰人，而非德意志人。有兄弟三人，其一早死，其一即尼采之妹哀利萨倍德，与尼采共作亲睦之家者也。

尼采之家故多不幸。一八四九年，尼采才六岁，其父以脑病死。后育于祖母及后母之手，故尼采幼时，家中唯妇人而已。其一家之权力萃于严肃之祖母、温顺之母妹、恳切之叔母之间。尼采生长于是，故能洞见女子之缺点，他年轻蔑女子，或本于此，然其然否亦不能定也。

一八五〇年，尼采迁居于那温堡，入其地之小学校，以被教于老成之祖母与叔母之手，故常有大人之风。一八五八年，入波尔塔之中学校，渐有放纵自尊之气概，不喜与普通之人受同一之待遇。在寄宿舍时，亦罕与人交，唯与保罗德意生（今为印度哲学之大家）及地斯尔德尔甫男爵亲善。以勤学故，遂为此校之特待生。然未几渐不满于学校之课业，厌规则，嫌束缚，终舍学业而沉溺于音乐。故卒业试验时，数学之成绩甚为不良，唯优于希腊拉丁之语学，遂以"怜悯及第"之特典予以卒业。可知尼采于中学校时代已现文学上之天才者也。此时与友朋等开研究会，以研究文学为主，又随意多读古典及文学，又研究音乐。时适有俄土之战，尼采表同情于俄人，作诗以颂之，尊强者之意见，已现于此时矣。其卒业之论文，书希腊诗人地哇额尼斯之说。地氏固唱贵族主义之道德，谓贵贱之别即善恶之别，尼采晚年之思想实本于此。此时尼采与德意生之交情甚为亲密云。

一八六四年，尼采卒中学校之业，人仆恩大学，研究言语学及神学。未几，专从事于言语学，尤笃嗜音乐。人大学时，与普通之学生同入学生总会，然以众学生多饮麦酒，好佚游，尼采厌此"麦酒唯物主义"之恶习，遂断然脱学生总会之籍。此亦半由其议论过激，不见容于同学故也。尼采后追忆此时之事，谓少年若嗜麦酒与烟草，则德意志之国民不能发达，则其恶当时学生之风气，可揣而知也。

未几，其师利采尔去仆恩，而为拉衣白地希之大学教授，尼采亦从之。居二年，就兵役，入炮兵联队，不废学业，军事之暇，常研究所好之古典。时人谓之"天马伏枥"，非溢美也。然尼采之自由之精神，常苦军中之严肃。未几，复除兵役而反就学。

一八六八年，再归拉衣白地希，不入大学而独习。此时尼采之思想渐倾于哲学。一日，偶于旧书肆得叔本华之《意志及观念之世界》一书，灯下读之，大叫绝，遂为叔本华之崇拜家。此时有致德意生书，谓虽大苦痛之中，读叔氏之书，亦得慰藉云云。明年，尼采自其师利采尔之推荐，为瑞士之白隋尔大学教授，时年二十五岁，亦未得学位，实未有之奇遇也。五月，自拉衣白地希大学赠博士之学位。未几，即进为正教授。此时尼采之得意，可由其书翰知之。

尼采虽以盛年为教授，然以勤于其职故，人人颂之。然一则为福，一则为终生之不幸彼以勤劳，大损其身体。至一八六九年，普奥战争之起也，有从军之志，然以瑞士为中立国，不得已而为视疾扶伤之事，益害其身体。又归而就教授之职。未几，尼采始公其第一之著述，此即《由音乐之精神所产之悲剧》一书是也。此书一出，其奇拔之见解与卓越之思想，大振于学界。然其研究法与从来言语学者之研究异，大受学者之非议，遂有禁学生至白隋尔大学听尼采之讲义者。然尼采不屈，犹倡导自己之研究法。一八七三年，更著《非时势的观察》一书，攻击当时流行之学者斯德拉斯氏等，又非难当时之文明，极崇美术与文艺。要之，"悲剧论"称扬"美术的文明"，而"斯德拉斯论"贬斥有害之"学究的文明"者也。二论皆识见警拔，笔锋锐利。昔之攻击之声，渐变而为赞颂，于是尼采始自学自己之天才。尼氏既自负其能，又不慊于当时之学者，欲罢教授之职而从事于著述者数矣，为友人所劝，卒不果。至一八七六年，更续《非时势的观察》之书，论历史，颂叔本华，崇拜音乐家滑额奈尔（今译瓦格纳）。尼采始闻滑氏之音乐，大感服之，及为白隋尔教授，近滑氏之居，遂为亲友。

一八七七年到一八七八年以来，尼采之思想全移于正反对之位置，既称颂前所极口诋骂之学究，而贬美术家。此亦由交友之关系使然也。初，尼氏感叹滑额奈尔之音乐，以为发挥最上之美术者，谓德国之文明，因学者故而卑劣，故不解高尚之美术，使滑氏亦遂见弃于世。及音乐渐发达，世人对滑氏之关系一变，尼采遂疑滑氏忘美术固有之本分，而取媚于世。至滑氏以宗教的趣味引入音乐，又大诋毁之。滑氏亦不屈，二人之交遂不终。读尼采后日所著之《尼采之于滑额奈尔》，可以知其概矣。

尼采之友，除滑额奈尔外，则保罗利、伽瓦尔格、白兰地斯、克龙、德意生等是也。尼采与彼等之交际，不似与滑氏之变动。保罗利凤奉英国之经验哲学，尼采由保氏而窥英国学说，遂一变其思想，此时与保氏极亲善。后弃英国流行之主义，其交亦疏。白兰地斯之于尼采，但为书翰上之交际。克龙，尼采之弟子，大崇拜尼采，佐其出版事业者也。德意生性情温顺，与尼采虽有时不和，然以亲善终。

尼采之思想自一八七八年以来起一大变化后，因病数休大学之讲义，养病于意大利等国。其明年遂辞教授之职，距尼采之就职殆十年矣。辞职后，居那温堡，每遇四时之变，辄移居于温和之地。一八八二年，病少闲，力疾从事于著述，至是尼采之思想又起一大变化，著书数种。以积劳之故，又损其体。至一八八九年正月，全为精神病者，受母与妹亲切之视疾，终不能恢复旧时之精神。至一九〇〇年八月二十五日卒，年五十六岁。尼采之病之渐剧也，一日，方出，卒倒于多林道上，医断之为非常之麻痹。自是尼采不能自觉，虽母与妹，亦不能知其意。一日，其友德意生访之，见其呼母为伧父，又不能认总角之友。德氏于是执于而述当年所话叔本华之事，彼唯解其一语曰："叔本华生于唐栖克。"德氏又述当年与尼采游西班牙之事，尼采曰："咄！西班牙！当年彼德意生常游此。"德氏即曰："我即德意生也。"尼采早不解其意，但相对凝视而已。至一八九四年十月十五日，德意生持花环往祝尼采之生日，彼暂置于手，即弃而不顾，此尼采与德意生之最后之相会也。

尼采之罹精神病，其原因如何，颇有异说。据诺尔陶之说，则尼采之著述皆在精神病室时之所作也，即谓尼采素有精神病。此实与事实相反。据崔尔克之说，则其著述不必限有精神病时之作，然其思想之内已有精神病之原质。萨禄美之说则反是，谓尼采旷世之天才，彼愤世之不能解彼，遂退隐而发精神病。公平论之，则尼采之病当在此两极端说之中，即尼采虽久病，然精神如故，此明白之事实。尼采亦自惊罹如此病，而精神及智力全无异状，其言虽不足尽信，然不能视为全误也。

然则尼采精神病之由来如何？或疑其父以脑病死，而视为遗传者。然其父之脑病乃偶然之结果，非遗传症，又兄弟一族皆无此疾，故未足信也。由额斯德之说，尼采先有不眠症，渐入神经病。夫此病固本于气质，而气质固自得诸遗传，且尼采之平日多病，亦未始非精神病之一因也。

然则尼采自何时得此病欤？梯列尔曾由尼采之著述研究之，谓其文章思想完备而有秩序者，乃康健时之作；其文失秩序与含极端之议论，又文章前后之关系不明者，病时之作也。从此标准，则一八八四年所著《可悦之科学》之第四篇，条理甚备，至一八八五年之第五篇，已有精神异常之迹。又一八八五年所著《善恶之彼岸》，条理紊乱，思想错杂，已有病之征兆。由此观之，则自一八八二年至一八八五年之间，视为已有病兆，似非不稳当也。

再就尼采之病源，又有一说。即由利尔之所言，尼采从战役时，有目疾甚剧，其妹在前，亦不能见之。此目疾可视为脑病之一征候，则又似本有此病者也。

尼采之著述虽不容于当时之学界，然亦有大赏叹之者。其友德意生之同僚，有一少年讲师，一日问尼采之近状，德意生告以其家计之不裕。此讲师曰："我等力所能及者，当补助之。"德意生赞之，然疑其以一讲师之身，未必有此力。居二日，其人致德氏书及二千马克，嘱匿名而赠尼采，此实德意生所不及料也。尼采得此知遇，大喜，不欲以此金投之家计，更以此为他书之出版费。然此书广售于世，偿其出版费且有羡，遂以此金反某讲师，某讲师拒之，乃以制尼采之油画，悬之尼采文库，盖可谓文坛之美事云。

罗 君 楚 传

　　君楚名福苌，浙江上虞人。祖树勋，江苏候补县丞。父振玉，学部参事官。君楚幼而通敏，年十岁，能读父书。其于绝代语释，别国方言，强记县解，盖天授也。年未冠，既博通远西诸国文学，于法兰西、日耳曼语所造尤深。继乃治东方诸国古文字学。当光绪之季，我国古文字、古器物大出，其荦荦大者，若安阳之甲骨，敦煌塞上之简牍，莫高窟之卷轴。参事实始为之搜集、编类、考订、流通，有功于学问甚巨。而塞内外诸古国，若西夏，若突厥，若回鹘，远之若修利，若兜佉罗，若身毒，其文字器物亦多出于我西北二垂，胥与我国闻相涉；而梵天文字，则又我李唐之旧学也。我老师宿儒，以文字之不同，瞠目束手，无如之何。唯君楚实首治梵文，又创通西夏文字之读，将以次有事于突厥、回鹘、修利诸文字。故海内二三巨儒，谓他日理董绝国方言，一如参事之理董国闻者，必君楚其人也。

　　有唐之季，拓跋氏割据夏州，及宋初而滋大，拓地数千里，传世三百年，自制文字，行于其国。迄蒙古中叶，社稷虽墟，河西、陇右尚用其文字。然近世所传，不过二三金石刻，且举世莫能名焉。光绪末，俄人某于甘州古塔中得西夏译经数箧，中有汉夏对译字书，名《掌中珠》者，君楚得其景本数页，以读西夏石刻《感通塔记》，及法属河内所藏西夏文《法华经》残卷，旁通四达，遂通其读，成《西夏国书略说》一卷。嗣后元初所刊河西字藏经，又颇出于京师，君楚治之益力，撰《华严经释文》厶卷未成。由是西夏文字，所识十逾八九矣。又尝从日本榊教授亮受梵文学，二年而升其堂，凡日本所传中土古梵学书，若梁真谛翻梵语、唐义净《梵唐千字文》以下若干种，一为之叙录，奥博精审，簿录家所未有也。

君楚体素弱，重以力学，年二十二而病。疡生于胸，仍岁不瘳，二十六而夭，时辛酉九月也。所著书多未就，以欧文记者，尤丛杂不可理。今可写定者，《梦轩琐录》三卷，即古梵学书序录，及攻梵语之作也；《西夏国书略说》一卷；《宋史西夏传注》一卷；译沙畹、伯希和二氏所注《摩尼教经》一卷；《古外国传记辑存》一卷；《大唐西域记》所载《伽蓝名目表》一卷；《敦煌古写经原跋录存》一卷；《伦敦博物馆敦煌书目》一卷；《巴黎图书馆敦煌书目》一卷。

余初见君楚时，君楚方六七岁。盖亲见其自幼而少，而长，而劬学，而著书。君楚为学，有异闻必以语余，余亦时以所得告之。余作《西胡考》，君楚为余征内典中故事。君楚所释《华严经》刻本，今于其殁后数月，始得考定为元初杭州所刊河西字《大藏经》之一，恨不得以语君楚，然则余亦安得复有闻于君楚耶？将突厥、回鹘、修利诸史料，不能及今世而理董耶？即异日有继君楚之业者，如君楚之高才力学，又岂易得也？

君楚没，海内知参事及君楚者无不痛惜。嘉兴沈乙庵先生与余言君楚，辄涕泗不能禁。然则君楚之死，其为学术之不幸何如也！君楚之葬也，沈先生为铭其墓。妻汪氏割臂以疗君楚，寻以毁卒，余亦铭之。无子，有女子子一，卒之次年。弟福葆生子承祖，参事命为之后。余既哀君楚之亡，乃掇其学问之大要为之传，使后世知君楚不愧为参事子焉。

沈乙庵先生七十寿序

我朝三百年间，学术三变：国初一变也，乾嘉一变也，道咸以降一变也。顺康之世，天造草昧，学者多胜国遗老。离丧乱之后，志在经世，故多为致用之学，求之经史，得其本原，一扫明代苟且破碎之习，而实学以兴。雍乾以后，纪纲既张，天下大定，士大夫得肆意稽古，不复视为经世之具，而经史小学专门之业兴焉。道咸以降，涂辙稍变，言经者及今文，考史者兼辽金元，治地理者逮四裔，务为前人所不为，虽承乾嘉专门之学，然亦逆睹世变，有国初诸老经世之志。故国初之学大，乾嘉之学精，道咸以降之学新。窃于其间得开创者三人焉，曰昆山顾先生，曰休宁戴先生，曰嘉定钱先生。国初之学，创于亭林；乾嘉之学，创于东原、竹汀；道咸以降之学，乃二派之合而稍偏至者，其开创者，仍当于二派中求之焉。盖尝论之：亭林之学，经世之学也，以经世为体，以经史为用；东原、竹汀之学，经史之学也，以经史为体，而其所得，往往裨于经世。盖一为开国时之学，一为全盛时之学，其涂术不同，亦时势使之然也。道咸以降，学者尚承乾嘉之风，然其时政治风俗，已渐变于昔，国势亦稍稍不振，士大夫有忧之而不知所出，乃或托于先秦、西汉之学，以图变革一切，然颇不循国初及乾嘉诸老为学之成法，其所陈夫古者，不必尽如古人之真，而其所以切今者，亦未必适中当世之弊。其言可以情感，而不能尽以理究。如龚璱人、魏默深之俦，其学在道、咸后，虽不逮国初、乾嘉二派之盛，然为此二派之所不能摄，其逸而出此者，亦时势使之然也。

今者，时势又剧变矣，学术之必变，盖不待言。世之言学者，辄伥伥无所归，顾莫不推嘉兴沈先生，以为亭林、东原、竹汀者俦也。先生少年固已尽通国初及乾嘉诸家之说，中年治辽金元三史，治四裔地理，又为道咸以降之学。然一秉先正成法，无或逾越；其于人心世道之污隆，政事之利病，必穷其原委，似国初诸老；其视经史为独立之学，而益探其奥突，拓其区宇，不让乾嘉诸先生。至于综览百家，旁及二氏，一以治经史之法治之，则又为自来学者所未及。若夫缅想在昔，达观时变，有先知之哲，有不可解之情，知天而不任天，遗世而不忘世，如古圣哲之所感者，则仅以其一二见于歌诗。发为口说，言之不能以详，世所得而窥见者，其为学之方法而已。夫学问之品类不同，而其方法则一。国初诸老，用此以治经世之学；乾嘉诸老，用之以治经史之学。先生复广之以治一切诸学，趣博而旨约，识高而议平。其忧世之深，有过于龚、魏，而择术之慎，不后于戴、钱。学者得其片言，具其一体，犹足以名一家，立一说。其所以继承前哲者以此，其所以开创来学者亦以此。使后之学术，变而不失其正鹄者，其必由先生之道矣。

窃又闻之：国家与学术为存亡，天而未厌中国也，必不亡其学术；天不欲亡中国之学术，则于学术所寄之人，必因而笃之。世变愈亟，则所以笃之者愈至，使伏生、浮邱伯辈，天不畀以期颐之寿，则《诗》《书》绝于秦火矣。既验于古，必验于今。其在《诗》曰："乐只君子，邦君之基；乐只君子，万寿无期。"又曰："乐只君子，邦家之光，乐只君子，万寿无疆。"若先生者，非所谓"学术所寄"者欤？非所谓"邦家之基""邦家之光"者欤？

己未二月，先生年正七十，因书先生之学，所以继往开来者，以寿先生，并使世人知先生。自兹以往，康强寿耇，永永无疆者，固可由天之不亡中国学术卜之矣！

《国学丛刊》序

学之义不明于天下久矣！今之言学者，有新旧之争，有中西之争，有有用之学与无用之学之争。余正告天下曰：学无新旧也，无中西也，无有用无用也。凡立此名者，均不学之徒，即学焉而未尝知学者也。

学之义广矣。古人所谓学，兼知行言之。今专以知言，则学有三大类，曰：科学也，史学也，文学也。凡记述事物而求其原因，定其理法者，谓之科学，求事物变迁之迹而明其因果者，谓之史学；至出入二者间而兼有玩物适情之效者，谓之文学。然各科学有各科学之沿革，而史学又有史学之科学（如刘知几《史通》之类），若夫文学，则有文学之学（如《文心雕龙》之类）焉，有文学之史（如各史《文苑传》）焉。而科学、史学之杰作，亦即文学之杰作。故三者非斠然有疆界，而学术之蕃变，书籍之浩荡，得以此三者括之焉。凡事物必尽其真，而道理必求其是，此科学之所有事也；而欲求知识之真与道理之是者，不可不知事物道理之所以存在之由与其变迁之故，此史学之所有事也；若夫知识道理之不能表以议论而但可表以情感者，与夫不能求诸实地而但可求诸想象者，此则文学之所有事也。古今东西之为学，均不能出此三者。唯一国之民，性质有所毗，境遇有所限，故或长于此学而短于彼学；承学之子，资力有偏颇，岁月有涯涘，故不能不主此学而从彼学；且于一学之中，又择其一部而从事焉。此不独治一学当如是，自学问之性质言之，亦固宜然。然为一学，无不有待于一切他学。亦无不有造于一切他学，故是丹而非素，主入而奴出，昔之学者或有之，今日之真知学、真为学者，可信其无是也。

夫然，故吾所谓学无新旧、无中西、无有用无用之说，可得而详焉。何以言学无新旧也？夫天下之事物，自科学上观之，与自史学上观之，其立论各不同。自科学上观之，则事物必尽其真，而道理必求其是。凡吾智之不能通，而吾心之所不能安者，虽圣贤言之，有所不信焉；虽圣贤行之，有所不慊焉。何则？圣贤所以别真伪也，真伪非由圣贤出也所以明是非也，是非非由圣贤立也。自史学上观之，则不独事理之真与是者足资研究而已，即今日所视为不真之学说、不是之制度风俗，必有所以成立之由与其所以适于一时之故。其因存于邃古，而其果及于方来，故材料之足资参考者，虽至纤悉，不敢弃焉。故物理学之历史，谬说居其半焉；哲学之历史，空想居其半焉；制度风俗之历史，弁髦居其半焉，而史学家弗弃也。此二学之异也。然治科学者，必有待于史学上之材料；而治史学者，亦不可无科学上之知识。今之君子，非一切蔑古，即一切尚古。蔑古者出于科学上之见地，而不知有史学；尚古者出于史学上之见地，而不知有科学；即为调停之说者，亦未能知取舍之所以然。此所以有古今新旧之说也。

何以言学无中西也？世界学问不出科学、史学、文学。故中国之学，西国类皆有之；西国之学，我国亦类皆有之，所异者，广狭疏密耳。即从俗说，而姑存中学、西学之名，则夫虑西学之盛之妨中学，与虑中学之盛之妨西学者，均不根之说也。中国今日实无学之患，而非中学、西学偏重之患。京师号学问渊薮，而通达诚笃之旧学家，屈十指以计之，不能满也；其治西学者，不过为羔雁禽犊之资，其能贯串精博、终身以之如旧学家者，更难举其一二。风会否塞，习尚荒落，非一日矣。余谓中西二学，盛则俱盛，衰则俱衰；风气既开，互相推助。且居今日之世，讲今日之学，未有西学不兴而中学能兴者，亦未有中学不兴而西学能兴者。特余所谓中学，非世之君子所谓中学；所谓西学，非今日学校所授之西学而已。治《毛诗》《尔雅》者，不能不通天文、博物诸学；而治博物学者，苟质以《诗》《骚》草木之名状而不知焉，则于此学固未为善。必如西人之推算日食，证梁虞邝、唐一行之说，以明《竹书纪年》之非伪；由《大唐西域记》，以发现释迦之支墓，斯为得矣。故一学既兴，他学自从之，此由学问之事，本无中西。彼鳃鳃焉虑二者之不能并立者，真不知世间有学问事者矣！

故新旧、中西之争，世之通人率知其不然，唯有用无用之论，则比前二说为有力。余谓凡学皆无用也，皆有用也。欧洲近世农工商业之进步，固由于物理、化学之兴。然物理、化学高深普遍之部，与蒸气、电信有何关系乎？动植物之学，所关于树艺、畜牧者几何？天文之学，所关于航海、授时者几何？心理、社会之学，其得应用于政治、教育者亦鲜。以科学而犹若是，而况于史学、文学乎？然自他面言之，则一切艺术悉由一切学问出，古人所谓"不学无术"，非虚语也。夫天下之事物，非由全不足以知曲，非致曲不足以知全。虽一物之解释、一事之决断，非深知宇宙人生之真相者，不能为也；而欲知宇宙人生者，虽宇宙中之一现象，历史上之一事实，亦未始无所贡献。故深湛幽渺之思，学者有所不避焉；迂远繁琐之讥，学者有所不辞焉。事物无大小，无远近，苟思之得其真，纪之得其实，极其会归，皆有裨于人类之生存福祉。己不竟其绪，他人当能竟之；今不获其用，后世当能用之。此非苟且玩愒之徒所与知也。学问之所以为古今中西所崇敬者，实由于此。

凡生民之先觉，政治教育之指导，利用厚生之渊源，胥由此出，非徒一国之名誉与光辉而已。世之君子，可谓知有用之用，而不知无用之用者矣。

以上三说，其理至浅，其事至明。此在他国所不必言，而世之君子犹或疑之，不意至今日而犹使余为此哓哓也。适同人将刊行国学杂志，敢以此言序其嵩。此志之刊，虽以中学为主，然不敢蹈世人之争论。此则同人所自信，而亦不能不自白于天下者也。

《流沙坠简》序

光绪戊申，英人斯坦因博士访古于我新疆、甘肃，得汉晋木简千余以归，法国沙畹博士为之考释。越五年，癸丑岁暮，乃印行于伦敦。未出版，沙氏即以手校之本，寄上虞罗叔言参事。参事复与余重行考订，握椠逾月，粗具条理，乃略考简牍出土之地，弁诸篇首，以谂读是书者。

案古简所出，厥地凡三：一为敦煌迤北之长城，二为罗布淖尔北之古城，其三则和阗东北之尼雅城，及马咱托拉、拔拉滑史德三地也。敦煌所出，皆两汉之物；出罗布淖尔北者，其物大抵上自魏末，讫于前凉；其出和阗旁三地者，都不过二十余简，又皆无年代可考；然其最古者犹当为后汉遗物，其近者亦当在隋唐之际也。今略考诸地古代之情状，而阙其不可知者，世之君子，以鉴观焉。

汉代简牍出于敦煌之北，其地当北纬四十度，自东经（据英国固林威志经度）九十三度十分至九十五度二十分之间；出土之地，东西绵亘一度有余，斯氏以此为汉之长城，其说是也。案秦之长城，西迄临洮；及汉武帝时，匈奴浑邪王降汉，以其地为武威、酒泉郡（元狩三年）。后又分置张掖、敦煌郡（元鼎六年）。始筑令居以西，列四郡，据两关焉。此汉代筑事之见于史者，不言其讫于何地也。其见于后人记载者，则法显《佛国记》云："敦煌有塞，东西可八十里，南北四十里。"《晋书·凉武昭王传》云："玄盛乃修敦煌旧塞东西二围（'东西'疑'东北'之讹），以防北虏之患；筑敦煌旧塞西南二围，以威南虏。"案唐《沙州图经》，则"沙州有古塞城、古长城二址。塞城周回州境，东在城东四十五里，西在城西十五里，南在州城南七里，北在州城北五里。古长城则在州北六十六里，东至阶亭烽一百八十里，入瓜州常乐县界；西至曲泽烽二百一十二里，正西入碛，接石城界"云云。李暠所修，有东西南北四周，当即《图经》之古塞城。法显所见，仅有纵横二围，其东西行者，或即《图经》之古长城，而里数颇短。盖城在晋末当已颓废，而《图经》所纪东西三百里者，则穷其废址者也。此城遗址，《图经》谓在州北六十三里，今木简出土之地，正直其所。实唐沙州，《图经》所谓古长城也。前汉时敦煌郡所置三都尉，皆治其所，都尉之下，又各置侯官。由西而东，则首玉门都尉下之大煎都侯官、玉门侯官（皆在汉龙勒县境）。次则中部都尉所属平望侯官、步广侯官（汉敦煌县境），又东则宜禾都尉所属各侯官；（汉效谷、广至二县境。以上说均见本书《屯戍丛残·烽燧类考释》中及附录烽燧图表。）又东入酒泉郡，则有酒泉西部都尉所治之西部障，北部都尉所治之偃泉障；又东北入张掖郡，则有张掖都尉所治之遮虏障。疑皆沿长城置之。今日酒泉、张掖以北，长城遗址之有无，虽不可知，然以当日之建置言之，固宜如是也。今斯氏所探得者，敦煌迤北之长城，当《汉志》敦煌、龙勒二县之北境，尚未东及广至界。汉时简牍即出于此，实汉时屯戍之所，又由中原通西域之孔道也。

　　长城之说既定，玉门关之方位亦可由此决。玉门一关，《汉志》系于敦煌郡龙勒县下。嗣是《续汉书·郡国志》及《括地志》《元和郡县志》、两《唐书·地理志》《太平寰宇记》《舆地广记》，以至近代官私著述，亦皆谓汉之玉门关在今敦煌西北。唯《史记·大宛列传》云："太初二年，贰师将军李广利伐大宛，还至敦煌，请罢兵，益发而复往。天子闻之大怒，而使遮玉门曰：‘军有敢入者辄斩之！’贰师恐，因留敦煌。”沙畹博士据此，以为太初二年前之玉门关，尚在敦煌之东，其徙敦煌西北，则为后日之事。其说是也。案《汉志》“酒泉郡”有玉门县，颜师古注引阚骃《十三州志》，谓“汉罢玉门关屯，徙其人于此”。余疑玉门一县，正当酒泉出敦煌之孔道，太初以前之玉门关，当置于此。阚骃徙屯之说，未必确也。嗣后关城虽徙，而县名尚仍其故，虽中更废置，讫于今日，尚名玉门。故古人有误以玉门县为玉门关者。后晋高居诲《使于阗记》云："至肃州后渡金河，西百里出天门关，又西百里出玉门关。"高氏所谓玉门关，实即自汉迄今之玉门县也。（唐之玉门军亦置于此，而玉门关则移于瓜州境。《元和郡县志》云："玉门关在瓜州晋昌县西二里。"而以在寿昌县西北者为玉门故关，则唐之玉门关复徙而东矣。）汉时西徙之关，则《括地志》始记其距龙勒之方向、道里曰：玉门关在县（汉之龙勒，在唐为寿昌县）西北一百十八里（《史记·大宛传》正义引）。《旧唐书·地理志》《元和志》《寰宇记》《舆地广记》均袭其文。近秀水陶氏《辛卯侍行记》，记汉玉门阳关道路，谓"自敦煌西北行六十里之大方盘城，为汉玉门关故地"。又谓"其西七十里有地名西湖，有边墙遗址，及烽墩数十所"。斯氏亦于此发现关城二所，一在东经九十四度以西之小盐湖，一在东经九十三度三十分。相距二十余分，与大方盘城及西湖相去七十里之说相近。然则当九十四度稍西者，殆即陶《记》之大方盘城，当九十三度三十分者，殆即陶氏所谓西湖耶？沙畹博士疑九十四度稍西之废址，为太初以前之玉门关；而在其西者，乃其后徙处。余谓太初以前玉门关，当在酒泉郡玉门县。如在东经九十四度、北纬四十度间，则仍在敦煌西北，与《史记·大宛传》文不合。而太初以后之玉门关，以《括地志》所记方位、道里言之，则在唐寿昌县西北百一十八里。今自敦煌西南行一百四十里，有巴彦布喇泛，陶氏以为唐寿昌县故址；自此西北百一十八里讫于故塞，则适在东经九十四度、北纬四十度之交，则当九十四度稍西之废址，实为太初以后之玉门关；而当九十三度三十分者，当为玉门以西之他障塞。盖汉武伐大宛后，西至盐泽，往往起亭。又据《沙州图经》，则古长城遗址且西入碛中，则玉门以西，亦当为汉时屯戍之所，未足据以为关城之证也。故博士二说之中，余取其一。但其地为《汉志》龙勒县之玉门关，而非《史记·大宛传》之玉门，则可信也。其西徙之年，史书不纪。今据斯氏所得木简，则有武帝大始三年，玉门都尉护众文书（《屯戍丛残》第一页），其时关城当已西徙于此，上距太初二年不过十载。是其西徙必在李广利克大宛之后（太初四年），西起亭至盐泽之时也。又汉及新莽时，玉门都尉所有版籍，皆出于此，可为《汉志》玉门关之铁证，不独与古书所记一一吻合而已。

至魏、晋木简残纸，则出于罗布淖尔涸泽北之古城稍西，于东经九十度当北纬四十度三十一分之地。光绪庚子，俄人希亭始至此地，颇获古书。后德人喀尔亨利及孔拉第二氏，据其所得遗书，定此城为古楼兰之虚。沙畹博士考证斯坦因博士所得遗物，亦从其说。余由斯氏所得简牍，及日本橘瑞超氏于此所得之西域长史李柏二书，知此地决非古楼兰。其地当前凉之世，实名海头，而《汉书·西域传》及《魏略·西戎传》之居庐仓，《水经·河水注》之龙城，皆是地也。何以知其非古楼兰也？曰：斯氏所得简牍中，其中言楼兰者凡三。一曰："帐下督薛明言。"谨案文书"前至楼兰□还守堤兵。"（本书《屯戍丛残》第三页）此为本地部将奉使至楼兰后所上之文书，盖不待言。其二曰："八月廿八日，楼兰白，疏悙惶恐白。"（本书《简牍遗文》第四页）其三曰："楼兰□白。"（同上）而细观他书疏之例，则或云"十月四日，具书焉耆元顿首。"（同上）或云"敦煌具书畔毗再拜。"（同上，第五页）皆于姓名前著具书之地。以此推之，则所云"楼兰白，疏悙惶恐白"者，必为自楼兰所致之疏；其书既自楼兰来，则所抵之地不得为楼兰矣。此遗物中之一确证也。更求之地理上之证据，亦正不乏。《水经·河水注》云："河水东径墨山国南，又东径注宾城南，又东径楼兰城而东注。河水又东径于渤泽，即《经》所谓蒲昌海也。"云云。案河水者，今之宽车河或塔里木河；渤泽与蒲昌海者，今之罗布淖尔也。则楼兰一城，当在塔里木河入罗布淖尔处之西北，亦即在淖尔西北隅，此城则在淖尔东北隅。此其不合者一也。古楼兰国，自昭帝元凤四年徙居罗布淖尔西南之鄯善后，国号虽改，而城名尚存。《后汉书·班勇传》："议遣西域长史将五百人屯楼兰，西当焉耆、龟兹径路，南强鄯善、于阗心胆，北扞匈奴，东近敦煌。"《杨终传》亦言"远屯伊吾、楼兰、车师、戊己"，《魏略》言"过龙堆到故楼兰"，皆谓罗布淖尔西北之楼兰城，故东方人之呼淖尔也，曰渤泽、曰盐泽、曰蒲昌海；而自西方来者，则呼曰牢兰海。《水经·河水注》引释氏《西域记》"南河自于阗于东北三千里至鄯善，入牢兰海"是也。古"牢""楼"同音，《士丧礼》"牢中"，郑注"牢读为楼"。盖自西方来，必先经楼兰城而后至罗布淖尔，故名此淖尔曰牢兰海。（《史记》正义引《括地志》作穿兰海，字之误也。）此又楼兰在淖尔西北之一证。此其不合二也。故曰：希、斯二氏所发现淖尔东北之古城，决非古楼兰也。然则其名可得而言之欤？曰：由橘氏所得李柏二书观之，此地当前凉之地，实名海头。李书二纸，其中所言之事同，所署之月日同，所遣之使者同，实一书之二草稿，可决其为此城中所书，而非来自他处者也。其一书曰："今奉台使来西，月二日到此。""此"字旁注"海头"二字。其二曰："诏家见遣使来慰劳诸国，月二日来到海头。"或云"此"，或云"海头"，则此地在前凉时固名海头。海头之名，诸史未见，当以居蒲昌海东头得名，未必古有此称也。求古籍中与此城相当之地，唯《水经》之龙城足当之。《水经·河水注》："蒲昌海水积鄯善之西北，龙城之东南。龙城故姜赖之墟，胡之大国也。蒲昌海溢，荡覆其国，城基尚存而至大，晨发西门，莫达东门。"云云。其言颇夸大难信，然其所记龙城方位，正与此城相合。又据其所云姜赖之墟，(郦注"此事本《凉州异物志》。"《太平御览》八百六十五引《异物志》云："姜赖之虚，今称龙城。恒溪无道，以感天庭，上帝震怒，溢海荡倾，纲卤千里，蒺藜之形，其下有盐累积而生。"原注："姜赖，胡国名也。"郦注概括其事。)可以知此城汉时之名焉。案各史《西域传》，绝不闻有姜赖国，唯汉魏时，由玉门出蒲昌海孔道以达楼兰、龟兹，中间有居庐仓一地。姜居、赖庐，皆一声之转，准以地望，亦无不合。何以言之？《汉书·西域传》：乌孙乌就屠"袭杀狂王，自立为昆弥。汉遣破羌将军辛武贤将兵万五千人至敦煌，遣使者案行表，穿卑鞮侯井以西；欲通渠转谷，积居庐仓以讨之"。孟康曰：卑鞮侯井，"大井六通渠也，下（泉）流涌出，在白龙堆东土山下"。夫井之下流在白龙堆东，而居庐仓则在井西，其地望正与此城合。《魏略·西戎传》(《魏志·乌丸传》注引)云："从玉门关西出，发都护井，(此都护井，当即《汉志》之卑鞮侯井。)回三陇沙北头，经居庐仓，从沙西井转西北过龙堆，到故楼兰，转西诣龟兹，为西域中道。"案今敦煌塞外大沙碛，古人或总称之曰白龙堆，(《汉书·

地理志》"敦煌郡"下云：正西关外有白龙堆沙。《西域传》云：楼兰当白龙堆。孟康言：卑鞮侯井在白龙堆东土山下，是敦煌以西、楼兰以东之沙碛，皆谓之白龙堆也。）或总名之曰三陇沙；（《广志》："流沙在玉门关外，东西二千里、南北数百里，有断石曰'三陇'。"则似以三陇沙为沙碛总名也。）而《魏略》之文"殊为分晓，其在东南者谓之曰三陇沙，而在西北者则专有白龙堆之名。今此城适在大沙碛之中间，又当玉门、楼兰间之孔道，与《魏略》之居庐仓，地望正合，则其为汉之居庐仓无疑。"又观《魏略》《水经注》所纪蒲昌海北岸之地，仅有二城：其在西者，二书均谓之楼兰；则其在东者，舍居庐、姜赖将奚属矣？然则此城之称，曰居庐、曰姜赖，乃汉时之旧名；曰海头，则魏晋以后之新名；而龙城则又西域人所呼之异名也。（《水经注》所纪出《凉州异物志》，疑亦用释氏《西域记》。观"晨发西门，莫达东门"二语，可知为西方人所记。即令为《异物志》语，恐亦本之西域贾胡也。）此地自魏晋以后，为西域长史治所，亦有数证。橘氏所得李柏二书，既明示此事；斯氏于此所得简牍中，有书函之检署，曰：因王督致西域长史张君坐前，元言疏（《简牍遗文》第一页）。又有出纳簿书，上署□西域长史文书事□中阚□（《屯戍丛残》第十一页）。一为抵长史之书，一则著长史之属，则西域长史曾驻此地，盖无可疑。此二简皆无年月，不能定其为魏晋及前凉之物，然参伍考之，则魏晋间已置西域长史于此，不自前凉始矣。按《后汉书·西域传》："西域长史实屯柳中，以行都护之事。"（后汉之初亦放西京之制，以都护统西域，未几而罢。后班超以将兵长史平定西域，遂为都护，未几复罢。嗣是索班以行敦煌长史，出屯伊吾。索班没后，班勇建议遣西域长史屯楼兰。延光三年，卒以勇为西域长史，出屯柳中，不复置都护。自是长史遂摄行都护事矣。）故《汉书》纪西域诸国道里，以都护治所乌垒城为据，而《后汉书》所纪，则以长史所治柳中为据。逮汉末中原多事，不遑远略，敦煌旷无太守且二十载（《魏志·仓慈传》），则柳中之屯与长史之官，必废于是时矣。魏黄初元年，始置凉州刺史（《张既传》）。并以伊奉为敦煌太守（《阎温传》）。三年，鄯善、龟兹、于阗各遣使贡献，西域遂通，置戊己校尉（《文帝纪》），以行敦煌长史张恭为之（《阎温传》）。而西域长史之置，不见于《纪》《传》，唯《仓慈传》言："慈太和中迁敦煌太守，数年卒官。西域诸胡闻慈死，其会聚于戊己校尉及长吏治下发哀。""长吏"二字，语颇含混，后汉以来，西域除西域长史、戊己校尉外，别无他长吏，魏当仍之。则"长吏"二字，必"长史"之讹也。又据斯氏所得一简云："西域长史承移今初除，月廿三日当上道、从上邽至天水。"以简中所记地名考之，实为自魏至晋太康七年间之物（见《屯戍丛残考释》）。恐西域长史一官，自黄初以来，即与戊己校尉同置，唯其所治之地，不远屯柳中而近据海头。盖魏晋间中国威力已不如两汉盛时，故近治海头，与边郡相依倚，此又时势所必然者矣。至前凉时，西域长史之官始见于史（《晋书·张骏传》），而《魏书·张骏传》则又称为西域都护。《传》言："骏分敦煌、晋昌、高昌三郡，西域都护、戊己校尉、玉门大护军三营为沙州，以西胡校尉杨宣为刺史。"（《晋书·地理志》亦引此文，错乱不可读。）按张骏时，西域有长史，无都护，"都护"二字必"长史"之误，或以其职掌相同而互称之。（《晋书·刘曜载记》：曜"使其大鸿胪田崧署张茂为凉州牧"，"领西域大都护，护氐羌校尉、凉王"。则西域大都护，乃凉州牧兼官，犹后此凉州牧之恒领西胡校尉也。）斯氏于此地所得一简云："今遣大侯究犁与牛诣营下受试。"（《屯戍丛残》第三页)称长史所居为营下。又斯氏于尼雅北古城所得木简,有西域长史营写鸿胪书语(本书《补遗》)。此又《魏书·张骏传》之三营,其一当为西域长史之证也。此三营者,戊己校尉屯高昌,(《晋书·张骏传》:"初,戊己校尉赵贞不附于骏,至是,骏击禽之,以其地为高昌郡。")玉门大护军屯玉门,而西域长史则屯海头,以成鼎足之势,则自魏晋讫凉,海头为西域重地,盖不待言。张氏以后,吕光、李暠及沮蒙家逊父子迭有其地。后魏真君之际,沮渠无讳兄弟南并鄯善,北取高昌,此城居二国之间,犹当为一重镇。逮魏灭鄯善、蠕蠕,据高昌,沮渠氏亡,此城当由是荒废。作《凉州异物志》者,乃有"海水荡覆"之说,而郦氏注《水经》用之。顾周、隋以前,碛道未闭,往来西域者,尚取道于此,故郦氏犹能言其大略。然倘非希、斯诸氏之探索,殆不能知为古代西域之重地矣。

其余木简,出于和阗所属尼雅城北及马咱托拉、拔拉滑史德三地者,其数颇少。尼雅废墟,斯氏以为古之精绝国。按今官书,尼雅距和阗七百十里,与《汉书·西域传》《水经·河水注》所纪精绝去于阗道里数合,而与所纪他国去于阗之方向、道里皆不合,则斯氏说是也。《后汉书·西域传》言,光武时,"莎车王贤诛灭诸国",贤死(明帝永平四年)之后,遂更相攻伐,小宛、精绝、戎卢且末为鄯善所并,故范书无精绝国传。今尼雅所出木简十余,隶书精妙,似汉末人书迹,必在永平以后。所署之人,曰王,曰大王,曰且末夫人(盖且末王女为精绝王夫人者),盖后汉中叶以后,且末、精绝仍离鄯善而自立也。

考释既竟,爰序其出土之地,并其关于史事之荦荦大者如右。其戍役情状与言制度名物者,并具考释中,兹不赘云。

甲寅正月。

《中国名画集》序

绘画之事，由来古矣。六书之字，作始于象形；五服之章，辉煌于作会。楚壁神灵，发累臣之问；宋舍众史，受元君之图。汉代黄门，亦有画者，殷纣踞妲己之图，周公负成王之象，遂乃悬诸别殿，颁之重臣。魏晋以还，盛图故事；齐梁以降，兼写佛像。爰自开、天之际，实分南北之宗。王中允之清华，李将军之刻画，人物告退，而山水方滋。下至韩马、戴牛、张松、薛鹤，一物之工，兹焉托始。荆、关崛起，董、巨代兴。天水一朝，士夫工于画苑；有元四杰，气韵溢乎典型。胜国兴朝，代有作者，莫不家抱钟山之璧，人握赤水之珠，变化拟于鬼神，矩获通于造化。陈之列肆，非徒照乘之光；閟之巾箱，恒有冲天之气。

今夫成而必亏者，时也；往而不复者，器也。江陵末造，见玉轴之扬灰；宣和旧藏，与降幡而北去。文武之道既尽，昆明之劫方多。即或脱坠简于秦余，逸焦桐于爨下。然且天吴紫凤，坼为牧竖之衣；长康探微，辱于酒家之壁，同粿玉石，终委泥涂。又或幸遘收藏，并遭著录，而兰亭茧纸，永閟昭陵；争坐遗文，竟分安氏。中郎帐中之帙，仅与王朗同观；博士壁中之书，不许晁生转写。此则叔疑之登龙断，众议其私；阳虎之窃大弓，当书为盗者矣。

平等阁主人英英如云，醰醰好古，慨横流之澒洞，惧名迹之榛芜。是用尽发旧藏，并征百氏。琳琅辐凑，吴越好事之家；摹写精能，欧美发明之术。八万四千之宝塔，成于崇朝；什一千百之菁英，珍兹片羽。冀以永留名墨，广被人间。

懿此一举有三美焉：夫学须才也，才须学。是以右相丹青，坐卧僧繇之侧；率更翰墨，徘徊索靖之傍。近世画师，罕窥真迹，见华亭而求北苑，执娄水以觅大痴，既摹仿之不知，于创作乎何有？今则摹从手迹，集自名家，裨我后生，贻之高矩，其美一也。且夫张而必弛者，文武之道；劳而求息者，含生之情。然走狗斗鸡，颇乖大雅；弹棋博簺，易人机心。若夫象在而遗其形，心生而无所住，则岂有对曹霸、韩乾（之马）而计驰骋之乐，见毕宏、韦偃之松而思栋梁之用。会心之处不远，鄙吝之情聿销，诚遣日之良方，亦息肩之胜地，其美二也。三代损益，文质殊尚；五方悬隔，嗜好不同。或以优美、宏壮为宗；或以古雅、简易为尚。我国绘事自为一宗，绘影绘声则有所短，一丘一壑则有所长。凡厥反唇，胥由韫椟；今则假以印刷，广彼流传。贾舶东来，慧光西被。不使蜻蜓岛国独辉日出之光，罗马故国专称美日之国。其美三也。

小有搜罗，粗谙鉴别，睹兹盛举，颇发幽情。索我弁言，贻君小引。冀夫笔精墨妙，随江汉而长流；玉躞金题，与昆仑而永固。

此君轩记

竹之为物，草木中之有特操者与？群居而不倚，虞中而从节，可折而不可曲，凌寒暑而不渝其色。至于烟晨雨夕，枝梢空而叶成滴，含风弄月，形态百变，自谓川淇澳千亩之园，以至小庭幽榭三竿两竿，皆使人观之，其胸廓然而高，渊然而深，泠然而清，挹之而无穷，玩之而不可亵也。其超世之致，与不可屈之节，与君子为近，是以君子取焉。

古之君子，其为道也盖不同，而其所以同者，则在超世之致，与不可屈之节而已。其观物也，见夫类是者而乐焉；其创物也，达夫如是者而后慊焉。如屈子之于香草，渊明之于菊，王子猷之于竹，玩赏之不足而咏叹之，咏叹之不足而斯物遂若为斯人之所专有。是岂徒有托而然哉？其于此数者，必有以相契于意言之表也。善画竹者亦然，彼独有见于其原，而直以其胸中潇洒之致，劲直之气，一寄之于画。其所写者，即其所观；其所观者，即其所畜者也。物我无间，而道艺为一；与天冥合，而不知其所以然。故古之工画竹者，亦高致直节之士为多。如宋之文与可、苏子瞻，元之吴仲圭是已。观爱竹者之胸，可以知画竹者之胸；知画竹者之胸，则爱画竹者之胸亦可知而已。

日本川口国次郎君，冲澹有识度，善绘事，尤爱墨竹。尝集元吴仲圭、明夏仲昭、文徵仲诸家画竹，为室以奉之，名之曰"此君轩"。其嗜之也至笃，而搜之也至专，非其志节意度符于古君子，亦安能有契于是哉？吾闻川口君之居，在备后之国，三原之城，山海环抱，松竹之所丛生。君优游其间，远眺林木，近观图画，必有有味于余之言者。既属余为轩记，因书以质之；惜不获从君于其间，而日与仲圭、徵仲诸贤游，且与此君游也。

壬子九月。